U0135263

美国大众经济学

# 财富、价值与选择

POPULAR
ECONOMICS
John Tamny

〔美〕约翰·塔姆尼 —— 著

潘舲 —— 译

中国出版集团　现代出版社

# 目
# 录

# 序　言

你手中捧着的这本书，是自约翰·梅纳德·凯恩斯 1936 年出版《就业、利息和货币通论》以来最具颠覆性的经济学论著之一。塔姆尼希望通过这本书中的理论体系，恢复 20 世纪大萧条和两次世界大战之前的社会经济秩序。事实上，他证实了在 20 世纪 20 年代末席卷全球的经济危机降临之前，那些增强自由和创造繁荣的制度与实践正处于鼎盛时期。虽然凯恩斯希望政府通过操控货币、利率、税收和政府开支来引导经济——就像司机驾驶汽车一样（一个完全虚幻的目标）。而塔姆尼的主张则与之相反：大幅降低税率，简化税法，让市场决定利率（美联储最终将被送入史密森尼博物馆），建立金本位制，维持货币稳定，减少政府的各种救助，让政府在经济中的作用最小化。

有很多人与塔姆尼的目标一致。塔姆尼希望通过一种最有力的武器来推行他的经济学理论，也就是他的这部经济学著作。塔姆尼将所谓的复杂、神秘、方程式密集的经济学学科，一门据称只能由珍妮特·耶伦这样出色的大师才能掌握的学科变成了每个人都能学习的知识。从根本上看，塔姆尼对经济学的贡献就像谷登堡印刷机对《圣经》的贡献那样，使一个以前多数人无法触及的学科向所有人敞开了大门。同样重要的是他对经济学所做的工作，就像《绿野仙踪》中小狗托托所做的工作一样：拉开帷幕，揭开了现代经济学中存在的一些弊端。

塔姆尼了解现在很多人所不了解的东西：人们通过相互交易来提高生活水平。例如，你想烤制和销售蛋糕，就必须通过交易来得到原料，如鸡蛋、糖、面粉和奶油；必要的设备，如烤箱和冰箱；器具，如测量勺和杯子；等等。生活中每天都会产生数以亿计的此类交易。如果人们不互相交易，那我们很可能现在还住在山洞里。

然而，以物换物的交易方式既麻烦又低效。正是货币使产品、服务和金融工具的交易变得无限简单。你可以通过货币得到所需要的物品，就像你可以凭借存衣票拿回"寄存"的外套一样。有了钱，人们就可以进行大规模的投资，进而取得进步，提高生活水平。而不稳定的货币，将严重阻碍贸易和投资。

塔姆尼接连推翻了很多个在当今具有破坏性的公认观点。例如：

⊙政府并不创造财富，通常还阻碍财富的创造。政府可以收取、支出并重新分配财富，但它不能创造真正的财富。

⊙预算赤字不是真正的问题，政府的支出水平才是。无论这些支出是通过税收、借贷，还是中央银行凭空创造出来的货币储备，其结果都是一样的：这些资源都是从创造资源的人手中获取的。不可避免的结局是这些资源的浪费和低效利用，资源因此变得更加匮乏。米尔顿·弗里德曼曾说过一句名言，他宁愿要一个巨大的

10000 亿美元的赤字预算，也不要一个 20000 亿美元的平衡预算。

⊙无论是发生在国内还是海外的贸易，都是好的。经济学家和政治家对国际收支平衡的痴迷并无益处，还会破坏经济发展。最重要的是全球贸易平衡，如果你从某个国家买了一双袜子，而该国商人又购买了美国的股票，经济学家就会担心贸易赤字和资本账户逆差，尽管美国人得到了该国的袜子，该国商人得到了金融资产，双方都从交易中获得了一些收益。

⊙提高储蓄是好事。通过个人的储蓄和企业的利润创造资本至关重要。凯恩斯主义者认为，储蓄使资本进入了一个黑洞，对经济没有任何作用。塔姆尼直接反驳了这种荒谬的观点。资本的创造者才是使我们和其他人能够赚取更多收入，并获得像 iPod 这样的产品的英雄，在像史蒂夫·乔布斯这样的企业家为我们提供这些产品之前，我们根本无法想象到这些产品。

⊙发展就要摧毁旧的东西，为新事物让路。马车的淘汰和汽车的兴起就是一个例子。我们这些在印刷媒体世界中长大的人见证了互联网的崛起，这就是约瑟夫·熊彼特著名的"创造性破坏"理论。但互联网也使数以百万计的人能够即时互动，成为内容创造者。新闻业、信息的获取和不同观点间的辩论正以前所未有的速度蓬勃发展。

⊙创新是无序波动的。人们必须通过不断的实践来发现什么可行，什么不可行。正如塔姆尼指出的那样，美国已经有 2000 多个不同的汽车制造商。这表明，经济如果由政府中的智者引导，会避免起伏、繁荣和衰退的想法是无稽之谈。波动是进步的组成部分，当政府不让资本去寻找利润丰厚的机会时，我们的生活将会变得不那么富裕。

塔姆尼还对许多其他的传统观念进行了抨击，例如，他指出，废除遗产税（据称其目的是确保富人的财富不会继续集中）将是收入再分配非常有效的工具。他的另一个反直觉的见解是外包对工人来说是有好处的。这里还有一个会引起人们注意的观点：追求能源独立是具有破坏性的。如果美国以外的人能够比我们更便宜地提供能源，我们应该允许他们这样做。这样可以把我们稀缺的资本集中在尖端行业。英国在 19 世纪 40 年代初放弃了"粮食独立"的尝试，取消了食品进口的关税，即《谷物法》。工人为能够获得更廉价的食品而欣喜，而英国则继续成为世界上强大的国家之一，还帮助盟国赢得了 20 世纪的两次世界大战的胜利，尽管它依赖粮食进口。

值得庆幸的是塔姆尼在书中还明确地说明了什么是通货膨胀和通货紧缩的问题。通货膨胀不是消费者价格指数的上升。如果价格指数下降是生产力发展的结果，那这并不一定是坏事。塔姆尼指出，商业并不是另一种形式的战争。相反，商业通过打破人与人之间的隔阂为和平创造条件（你可能不爱你的邻居，但你一定愿意出售商品给他），使我们都变得更富有。

本书还对经济大事件进行了客观的分析。没有谁能够预测某一特定灾难的细节，因为没有办法确定相关决策者会做什么。就拿 2008—2009 年的金融危机为例。由美联储的弱美元政策造成的房地产泡沫已经破灭，经济正在进行调整，以适应其后果。是什么令美国将这场灾难变成全球灾难的？当然是华盛顿决策者采取的措施。2008 年初，美国财政部和美联储向贝尔斯登的债权人提供救助。贝尔斯登是一家大型的但并不是举足轻重的华尔街投资机构。后来政府又收购了房利美和房地美。然后，人们都期望雷曼兄弟——一个比贝尔斯登更重要的机构——会得到类似的救助。然而结果却与之相反，雷曼兄弟被允许破产了。几天后，华盛顿再次扭转方向，接管了庞大的美国国际集团。市场不知道政府接下来会做什么，恐慌开始了。在随后的几个月里，没有人知道哪些机构会被拯救，哪些会破产。恶名昭彰的"问题资产救助计划"，即联邦政府强制对银行进行股权投资，无论它们是弱小还是强大，加剧了这种混乱局面。更多的错误随之而来，给我们留下了一个很长时间无法摆脱第二梯队的朋克经济体和一个积累了巨大的、阻碍增长的政府权力。没有人能够预料到这些细节，正如塔姆尼指出的，如果允许贝尔斯登公司在没有政府干预的情况下倒闭，雷曼兄弟公司就会全力自救，也许会通过甩卖资本的方式与其他公司合并。

本书的特别之处在于，它避免了传统经济学书籍中那些令人头疼的专业术语。你不会看到诸如"边际消费倾向"、"节俭的悖论"（一种特别有害的凯恩斯主义的谣言，认为储蓄可能不利于经济增长）、"单一公司的边际产品理论"、"非最优竞争自由定价"、"边际效用递减法则"、"加速原理"、"边际储蓄倾向"、"（相对）需求增加法则"或"边际实物产品法则"等。

塔姆尼并不像大多数经济学家那样迷信方程式。经济学家对数学公式和方程式非常着迷，因为它们能赋予经济学一种由严谨而带来的所谓权威。方程式让错误有了一种所谓的精准度，而这在人类的大部分行为中是完全不存在的。举个例子，请看经典的大学教科书——保罗·萨缪尔森的《经济学》（第八版）中提出的问题："如果 $C=a+bY=200+2/3Y$，$I=\bar{I}=100$，求解 $Y=C+I=200+2/3Y+100$，得

$Y^*=900$。若 $\bar{I}$ 增加 10，验证 $Y^*$ 增加 30。求乘数是多少？为什么？[ $Y$ 代表国民净产值（NNP），单位是十亿美元 ]。"

保罗·萨缪尔森就因为这样的东西得了诺贝尔经济学奖！

塔姆尼的书能成为未来很长一段时间内被提及的经典，是因为它出色地使用了故事来阐明问题。人们总是对他精心讲述的故事以及从故事里的人物经历中吸取教训。在这里，你会读到杰里·琼斯和他几十年前购买达拉斯牛仔队的看似疯狂的决定。在今天看来，这一举动依然是正确的，但最初这个决定却遭到了业内专家和投资银行家的嘲笑。塔姆尼引用了很多人的故事，包括帕丽斯·希尔顿、拉里·金、已故的艾伦·纽哈斯（《今日美国》的创始人）、迈克尔·布隆伯格、J.K. 罗琳、黄馨祥（因抗癌方面的突破成为亿万富翁）以及比尔·拉斯穆森 (ESPN [1] 创始人 )。塔姆尼所引用的案例富有启发性，内容涉及体育、电影和电视剧《唐顿庄园》等。他也探讨了失败的例子，因为人们可以从失败中吸取教训，无论失败者是否再次成功。

物理学、化学、生物学和工程学是严谨的学科，但经济学与它们不同。塔姆尼指出，经济学是让人们改善自己生活方式的学科。正如亚伯拉罕·林肯所说的那样：人们如何改变命运？是什么因素能使这种与生俱来的欲望能够发展？又是什么因素阻碍其实现？这些都是经济学关注的富有成效且合理的焦点。纵观世界上任何一个贫穷的国家，你很快就会看到它有相当大的商业发展潜力，人们在小摊上或街角进行各种交易，但为什么这样的活力不能拉动强有力

---

[1] 娱乐与体育电视网。于 1979 年成立，华纳媒体旗下的有线体育频道，后来放弃了娱乐节目，全力发展体育节目。

的经济增长？原因大多是因为政府设置的障碍。例如，繁重的税收，产权的缺失，以及非常不稳定的货币政策。政府的适当作用是创造一个有利的环境，使人与人之间的商业行为能够发生，然后退居一旁，繁荣经济就会到来。

令人遗憾的是许多有资历的经济学家和政治领导人忽视或阻碍了这一基本观点。例如，国际货币基金组织因其令货币贬值和提高税收的反增长预案而臭名昭著。环顾世界，你会发现，很多地方的政府都为经济增长设置了极其有害的结构性障碍。例如，日本正在将其国家销售税翻倍，并将其工资税率从已经令人吃惊的 30% 提高到灾难性的 37%。曾经的世界第三大经济体因此停滞了 20 年，陷入衰退之中。这有什么奇怪的呢？

塔姆尼通过打破现代经济学中的一些惯有模式，并以一些令人们感兴趣的方式解释经济学的真正含义，为人们了解经济学提供了新的路径。让我们好好吸收书中案例的经验和教训吧，然后以各种方式推广它。你不必同意书中的每一个观点，但你要知道，这本书将与乔治·吉尔德的《财富与贫困》和《知识与权力》、沃伦·布鲁克斯的《心中的经济》、裘德·万尼斯基的《世界的运作方式》以及其他一些书籍齐名，并对自由事业和文明世界做出突出的贡献。

——史蒂夫·福布斯

# 引言

## 经济学就在我们身边

> 宏观经济学是一种赘述，也是一个谜题，它的危险在于它让人产生一种错觉，让人误以为繁荣大概与领土、国家企业及政府支出有关。
>
> ——鲁文·布伦纳《繁荣的迷宫》

经济疲软已经挫伤美国人民的信心。一些久负盛名的美国经济学家不断强调，未来经济只会衰减，因为据说美国已经忘了经济该如何增长。简言之，经济增长已经变成一个很难企及的目标。

令人鼓舞的是经济学界的这种观点是错误的，经济增长逻辑不但简单，而且也很容易理解。经济学并不神秘，它就在我们的生活中，在我们观看的电影和体育竞赛中，在我们喜爱的产品中，在我们每天所做的事情中。

令人奇怪的是问题竟然出在经济学专业知识上，经济学界越来越依赖图表、曲线、深奥的方程式、难以理解的数字等，他们把最基本的常识变成了充满神秘感的东西。

实际上，经济学并不是复杂的学科，也没有比经济增长更容易的事情了。在美国尤其如此。作为一个由移民及其后裔组成的国家，这里的人们渴望过更好的生活，他们才会远离热爱的家乡，来到这个崇尚个人自由与经济自由的地方。

企业家的定义就是"冒险的人"，移民在很多方面都承担了很大的风险。世界各地才华横溢、具有创业精神的人在这里组成一个国家，一个崇尚金钱的国家。

而人类还有一个共同的特质，令经济增长变得简单。那就是人们永无止境的欲望，永远想得到更多，用劳动换取自己所没有的食物、衣服和房屋。因此，只要减少生产阻碍，就可以实现经济增长。

从最基本的层面来看，个人必须先生产某种有价值的东西，才能以此购买其他东西，所以经济增长的方法无非就是刺激供给。政府可以靠减少4种生产阻碍来刺激供给，即税收、监管、贸易和货币。

从根本上说，税收就是工作的费用。美国政客在讨论提高收入所得税时，其背后的真正意义是要增加人们每天上班的成本。

监管对经济活动的影响类似于税收，是商业活动的成本。监管很少能实现既定目标，倒是在遏制经济发展上颇有成效。政府通过监管剥夺工人和企业的时间与资源。这些时间和资源本可以用来生产市场需要的产品。

贸易是经济增长4个基本要素中最简单的一种。每个人都是自由贸易者，因为交易就是我们工作的目的。每天去工作是因为我们想得到更多自己还未拥有的东西。政府对进口商品征收的关税使工作贬值，是对我们工作的惩罚。

货币的目的是便于商品交换，它本身并非财富，而是我们衡量自己的工作价值进而交易产品的方式。当麦当劳为我提供牛肉汉堡时，他们肯定不会接受我用写作方式来交换。货币已经成为大众广为接受的交易媒介，通用于每一位生产者。它是一种度量单位，但是如果度量单位不稳定，就无法发挥其度量功能。在1971年以前，美元与黄金挂钩，价值是稳定的，后来当解除美元与黄金的关系时，就把美元以及我们的经济送上了不断变化的路途中。

现代的经济学已经变得高深莫测，其实大可不必。在日常生活中，人人都是宏观经济学者，而且我们身边到处都是经济学。事实上，这本书的宗旨就是把经济学这门逻辑学讲明白，而且不用图表，且尽量少用统计数字，没有什么比经济学更容易理解的知识了。我们身边到处都是经济学。

## 第1章

## 税收即工作的代价

> 工资用来鼓励工作，就像人类其他品质一样，工人得到越多，工作越勤奋。
>
> ——亚当·斯密《国富论》

音乐界有一套人人都知道的等级排序，在洛杉矶，要想知道唱片卖得好不好，最简单的办法不是查看音乐畅销排行榜，而是观察不同乐团和歌手在哪里开演唱会。那些名声还不大的乐团，大多会选择好莱坞日落大道的威士忌酒吧。小有名气的乐团通常是在可容纳5000人的好莱坞帕拉丁音乐厅。而真正成功的乐队，会在市中心的斯台普斯中心演出。

然而，对于炙手可热的乐队来说，即使是斯台普斯中心也容纳不下众多的歌迷，这些乐队最终会选择在露天体育场演出，例如，帕萨迪纳的玫瑰碗体育场，或市中心附近的洛杉矶纪念体育场。滚石乐队就是这样一支体育场乐队，他们的成功故事可以作为我们学习税收知识的案例。

税收是对工作者收取的费用，而这笔费用的高低决定着人们去哪里工作，也决定着人们是否去工作。滚石乐队的吉他手基思·理查兹在他的自传《滚吧，生活》中解释道："20 世纪 70 年代，英国对高收入者征收的税率为 83%，对投资收益的税率高达 98%，他们称之为非劳动收入。这等于逼迫我离开这个国家。"

这段话隐含了许多经济道理，顺便提一下，提高价格并不意味着你就能照着那个价格收费。通用汽车公司可以把旗下的雪佛兰迈锐宝标价 10 万美元，但是消费者会转身跑去隔壁的福特经销商那里买车。

税收也是同样的道理。政府可以提高人们的工作成本，但如果工作的成本太高，人们也不会任人剥削，尤其是有钱人更不会如此。他们会像那些想买车子的消费者一样，跑到别的地方去。滚石乐队的做法就是这样。

当他们用超高税率打击我们时，我猜他们完全没有料到我们竟然会说："好吧，那我们离开好了。"于是滚石离开了英国。他们根本没有把这样的情况考虑进去。这种做法让我们更加努力，还激发了《流亡大街》专辑的创作灵感，那可能是我们最好的作品了。他们不相信我们一旦离开英国，还能持续原先的态势。坦白讲，我们自己也不确定。不知道能不能成功，但如果不去闯一闯，我们又能怎么办呢？难道要死守在英国，让他们把我们赚来的钱的 98% 抽走吗？所以我们动身到法国去了。

英国政府也许太自大了，他们深信可以任意从人们的工作中索取费用。工作成本提高到 83% 的结果是什么？滚石乐队将了他们一军，让英国国税局一毛钱也收不到。

政府坚称高税率只会影响收入高的少数人，而这些人有能力承担。他们通常用这种荒谬的说法作为提高税率的理由，辩称对高收入者征收重税是为了公平。他们说，唯有让高收入者支付大份额的税收才算公平。令人遗憾的是现实情况并没有那么简单。实际上，累进税制对中低收入者来说是最不公平的。

滚石乐队并不会经久不衰。理查兹回忆说："在 20 世纪 60 年代初，贫穷一直伴随着我。在一些表演收入账本中，我甚至详细记录到收入的每一英镑、每一先令、每一便士。有时候我们去学校办的期末舞会演出，规模太小，账本上的收入通常都是零。"

大多数人不是生来就是人上人。政府以"公平"为名提高对高收入者的税率，其实是无意识地告诉那些力争上游的中低收入者，成功将招致高税收的惩罚。那些富人可以聘请优秀的税务会计师帮他们避税，也可以移民，像滚石乐队最后走的那条路一样。

税收不仅是工作的费用，也是把财富再投资的代价。20 世纪 70 年代，英国政府显然不知道制作一张唱片需要哪些投入。滚石乐队需要音效师、伴奏乐队、歌手、后勤人员和私人助理等，还有那些富人配置资金时实现就业的人。高税率把所有这些工作都送给了法国，后来，当《流亡大街》的后期制作转移到洛杉矶时，这些就业机会又让给了美国人。富人的流动性强，他们会把资本用于最有利的环境中。政府对他们征收重税，最痛苦的并非那些有钱人。

如果你认为搞电影的人应该缴纳更多的税额，那也是情有可原的。好莱坞几乎是左翼政党的天下，他们为那些希望大幅提高税率的政客募款。然而事实上，电影人很擅长寻找低税收的拍片避风港。曾经获得奥斯卡奖的导演、作家兼演员本·阿弗莱克从不掩饰自己的自由派立场。但在 2013 年年底，他接受《洛杉矶时报》采访，谈到了他自己为什么打算去格鲁吉亚拍摄《夜色人生》。

> 你只是跟着钱走。你面临的理论是要么选择你想去的地方；要么选择你不喜欢去的地方，却能让你多拍两三个星期。事实摆在眼前，你没有那么多钱，而电影这一行的利润非常微薄。

电影还没有开拍，就忙着争取有利税率的绝不止本·阿弗莱克一人。《美国派》系列电影制作人克里斯·摩尔在《洛杉矶时报》上做了一个总结："如果你打算斥资 1 亿美元，拍一部由布拉德·皮特主演的电影，你只要给 15 个州的电影主管局打电话，很快就会有州长给你们打来电话：'嘿，先生，我来告诉你来我们爱荷华州拍摄的理由。'"

2011 年，演员罗伯·劳在拍摄他的自传电影《那些我只向朋友们讲述的事》时，需要大量的工作人员。他回忆道：

> 拍摄电影需要很多的工作人员。摄制组、灯光组、服装组、化妆组、发型设计组、油漆人员、建筑人员、布景

人员、道具组、美术组、电气技师、特效人员、特技演员、替身、会计师、行程安排与财务人员、打点餐饮和零食的人员，还要有一群手持对讲机的安保人员，时刻紧盯拍摄动态，这就是导演助理组。

加利福尼亚州（以下简称"加州"）一直是电影业的大本营，加州的政客们渴望自己辖下生产力最高的行业掏出更多的钱。尽管有许多的精英选择住在加州，并在这里工作，但是他们的拍片地点往往不在这里。《洛杉矶时报》报道称："过去 15 年来，在加州拍摄的高票房收入电影数量骤减了 60%。"此事与一项警讯有关，那就是加州的中低收入者被政府害惨了，由于加州政府对高收入者征收重税，让这些中低收入者遭受池鱼之殃。

《洛杉矶时报》指出，好莱坞的相关从业人员，如电器技师、木匠、餐饮业者和其他幕后工作人员已经抱怨很久，由于各州政府推出越来越丰富的激励措施争抢电影业的收益，让他们失去了工作的机会。

富裕的电影从业者和高收入的乐队一样，也有较强的流动性，可以通过流动来规避针对他们的高税率。反观低收入者，却因为政府想要分到富人一杯羹的天真做法而承担惨痛的后果。

事实上，让有钱人保住自己的财富时，有助于改变较低收入者的生活。这听起来有悖常识，但想想优步公司的例子，它是传统出租车的替代者。只要在智能手机的优步应用程序中点击一下，你就会立即知道附近有多少辆车，需要等多长时间。再点一下，它就会调来一辆 SUV 或者黑色公务车，将你快速送达目的地。车费都会自动从你的信用卡里扣除。你不用焦急地寻找出租车，也不用手忙脚乱地掏现金。

居住在城里的人或许不以为然，很多时候只要他们出门，就能在街上找到很多空载的出租车。然而对于住在郊区或远一点的小镇的人来说，有了优步，简直就是完美解决了出行困难。在优步出现以前，你需要打电话到出租车公司跟一个粗暴无礼的调度员沟通，他总是说不清楚你叫的出租车什么时候能够到达，是否真能到达也是未知数。这样的情形不会在优步出现。

常有人说，资本主义没有种族偏见。而事实上，出租车司机往往对急于搭车的黑人乘客视而不见，但优步的司机不会，他们从不考虑乘客的种族，有召必到。更难能可贵的是司机和乘客可以互相评价，如果你对乘坐体验不满意，比如，车内一团糟、司机没开空调、音响太吵……你就可以给司机差评。对于差评太多的司机，就会被优步取消载客权利。

同样地，如果乘客无理取闹、把车内弄乱、在车里呕吐，或者要求不合理……司机也可以给他差评，优步可以把给司机带来麻烦的乘客列入黑名单。

2011 年 12 月，也就是公司成立 18 个月后，优步创始人特拉维斯·卡兰尼克宣布亚马逊公司创始人杰夫·贝索斯等人对优步这家新兴企业投资 3200 万美元。贝索斯身家将近 300 亿美元，联邦政府征收的所得税率无论是 10% 还是 50%，对他而言都可以忽略不计。当然这不是重点，重点是让资金闲置。数量越来越多的优步司机足以证明，贝索斯能够利用这些钱创造更多的就业机会。对高收入者的惩罚性税率减少了他们对新创意的投资。假如我们让贝索斯留着他的钱，他的这些想法可以帮助其他人变得富裕。

对这点持怀疑态度的人，只要看看苹果公司（以下简称"苹果"）便知。20 世纪 70 年代，史蒂夫·乔布斯是个富有创造力的大学生。但是如果没有资本支持，他便什么也做不了。风险投资人阿瑟·洛克向苹果投资了 5.76 万美元，剩下的故事大家都知道了。

乔布斯曾离开了苹果一段时间，1997 年再度回到公司，推出了一些他最了不起的创新产品。从 iPod 到 iPhone，再到 iPad，乔布斯的革新、创见改变了人们购买音乐、打电话和使用电脑的方式。如人们所料，当乔布斯领导着这些令人兴奋的科技进步时，苹果的股价一飞冲天，成为全球市值数一数二的大公司。

嫉妒的人可能会有这样的想法，乔布斯为有钱人发明这些新东西；苹果电脑雇用的技术精英；苹果股价飞升的主要受益者是 1% 的有钱人。这些想法都是错的，现在让我们重新思考一下，苹果的崛起是如何证实饱受诟病的"涓滴经济学"概念的。

加州大学伯克利分校的经济学教授恩里克·莫雷蒂在其著作《就业机会的新布局》中阐释道，苹果公司在加州库比蒂诺市雇用 1.2 万多名员工，只不过是这家公司对社会的最初贡献。莫雷蒂发现，苹果公司的成功使其在库比蒂诺市至少创造了 6 万个就业机会。他写道："从本质上说，高科技是硅谷经济繁荣的原因，医生、律师、建筑师、瑜伽教师，这些工作则是经济繁荣所衍生的结果。"

感谢阿瑟·洛克，他保住了大部分人的收入。本书的主题，是所有公司及其创造的就业机会都是投资带来的结果。既然资金不会闲置，政府对那些拥有可支配收入的人征税越少，他们就越能把可支配收入投入能够创造就业机会的项目上，这是最基本的经济学常识。拥有众多资金的有钱人是下一个史蒂夫·乔布斯寻找的对象。政府以公平之名向富人征收重税，但"公平"的代价却是让经济不振，以及那些尚未富裕的人深受其害。

# 第 2 章

# 征税过高，等于透支企业的未来

今天所取得的优势和收益都是由于先前的资本投入。

——马克·斯皮茨纳格尔《资本的秩序》

1893 年 9 月，查尔斯·杜里埃和弟弟弗兰克·杜里埃在马萨诸塞州斯普林菲尔德制造出美国第一辆汽油动力汽车。到 1896 年，他们共组装了 13 辆汽车，当时只有思想天马行空的幻想家才能料想到汽车将在 20 年内成为中产阶级的消费品。

这得感谢亨利·福特这种企业家，他们的创业热情锐不可当。1876 年，只有 13 岁的福特目睹了一辆不靠马拉的蒸汽动力车在街上行驶，他目不转睛，看得入迷。日后他这样对别人说："就是那台引擎引领我进入汽车行业。"16 年后，也就是 1892 年，福特制造出他们的第一辆汽车。1903 年，福特汽车公司成立。1908 年第一辆属于普通百姓的 T 型车问世。当时的人们根本没有想过有朝一日自己能够拥有汽车。

1911 年，亨利·福特上法庭打赢官司，对手是美国汽车制造商协会，该协会先是以"不可靠的暴发户"为由，将福特汽车公司拒之门外，之后又企图阻止福特汽车公司生产 T 型车。5 年后，福特汽车公司已经制造出 58.5 万台 T 型车。亨利·福特本人追求完美，制造工艺进步始终是他追求的目标。直到 1921 年，福特汽车公司已经生产了 100 万台汽车。亨利·福特把原本只有富人才能拥有的汽车变成了生活中非常普及的必需品。

投资专家马克·斯皮茨纳格尔在他的著作《资本的秩序》中一针见血地指出："假如当年福特汽车公司创始人没有长期投注资金，持续不断地对产品进行改善、发展、迂回生产，该公司就不会那么成功。"说到底，亨利·福特将获得的利润拿来重新投资，改进生产过程才是这家公司成功的关键所在。

试想，如果 20 世纪的美国企业也像今天一样承受着全球最高的企业所得税税率，将会导致怎样的结果。若说后世因此将不会知道亨利·福特的鼎鼎大名，也许言过其实。但是以当今税率之高，可以推测亨利·福特无法以同样的资金大量制造 T 型车，更不可能把价格压低并开创汽车时代。投资是企业提高生产质量，改进生产方式途径，利润则促使制造过程更加完善，产品更加优质。

正如滚石乐队的例子所说明的，对富人征税伤害了中低收入者。福特汽车公司的例子则揭露高额企业所得税会对企业造成什么样的损害。政府总是以企业规模巨大，承受得起重税作为征收高额企业所得税的借口。然而，即使我们暂且不论企业是否由个人持有这一事实，也不能忽略盈利的企业如何利用利润来扩大再生产。为了弄明白这一点，我们再回头看看亨利·福特的故事。

斯皮茨纳格尔写道："当福特汽车公司的利润增长了，他支付工人优渥的薪资，基本工资翻了两番，也就是每天5美元这样的薪资，造成求职者趋之若鹜。"有个广为流传的说法，是福特汽车公司提高员工薪资，这样工人就可以买得起汽车。但事实上，它是在对经济增长的必然性做出反馈。

斯皮茨纳格尔发现，1913年，福特汽车公司的年度员工流失率在当时高达370%。"福特汽车公司通过向工人支付高薪，有效降低了成本，因为更高的薪资降低了员工流失率，大大减少了培训新员工的工作。"有人说资本主义或者说是利润动机，使我们在行动上同情他人，哪怕心里其实不存在同情之意。公司要持续改善，就必须仰仗利润，福特汽车公司为了获得更高的利润，促使他们支付员工高于一般行情的薪资。

亨利·福特很幸运，没有遭遇令当今企业苦不堪言的高税率。企业所得税税率低，则会容许企业重新投资既有领域，也能尝试新的商机。


1972年，电影《法国贩毒网》获得奥斯卡最佳影片，男主角哈克曼成为明星。鲜为人知的纪录片导演威廉·弗莱德金成了知名导演。在大荧幕上，观众也感受到了真正的飞车追逐所带来的刺激。不过，这部影片当初差点"流产"。该片导演在其回忆录《弗莱德金的网：自传》中回忆道，他和菲利普·德安东尼在筹拍《法国贩毒网》时耗费了两年时间，他们带着它走遍了制片公司，但都被拒绝了。

由于电影缺乏赞助，弗莱德金最终申请了失业救济金，但没想到第二天就接到经纪人的电话，他说 20 世纪福布斯公司总裁迪克·扎努克要求与他见面。弗莱德金、德安东尼与扎努克会面，扎努克告诉他们："今年的预算还有 150 万美元，现在我快下台了，他们打算炒我鱿鱼，不过我看了《法国贩毒网》这个剧本，有预感这部影片会火。"接下来的故事，当然就是载入史册了。

乔治·吉尔德曾说："创造关键信息的是行动，而不是冷眼旁观。"真是至理名言。经济增长就意味着要承担风险，从风险中受益，然后运用从实践中发现的信息，启发未来的经济活动。福布斯公司闲置的 150 万美元资金，促使 20 世纪重要的电影《法国贩毒网》成功拍摄。此外，这部影片的成功，为好莱坞后续的尝试提供了信息，成为 20 世纪 70 年代的电影制作风向标。

套用 19 世纪法国政治经济学家弗雷德里克·巴斯夏的话来说，弗莱德金的电影只是"看得见的"部分，至于"看不见的"部分是政府对企业收益征收重税。利润是企业创造力的回报，从史蒂芬·斯皮尔伯格、布拉德·伯德，到詹姆斯·卡梅隆——美国电影导演设定了创意的全球标准，但我们不要忘记那些没有被拍出来的电影。由于高额企业所得税的束缚，电影产业有多少激动人心的创意无法实现？

电影产业当然不是唯一受高税率所困的行业，肯定也不是最重要的行业。石油是必要的经济动力，有人认为利润丰厚的美国石油公司是政府爱染指的行业之一。2012 年，仅埃克森美孚公司就缴纳了 310 亿美元的税款，全美最高。石油公司一直是政治阶层最喜欢的替罪羊。联邦政府能轻而易举地要求石油巨头多缴纳税额，但能源行业的税收很大一部分出在石油和天然气的产业。谷歌可以把公司资产从高税率的加利福尼亚州转移到低税率的得克萨斯州，但是石油公司却没办法将公司从阿拉斯加州普拉德霍湾迁移到得克萨斯州，前者的公司税率为 9%，后者对公司利润免征税。他们也不能把巴肯页岩从公司税 5.15% 的北达科他州迁移到零税率的南达科他州。所以，在美国企业纳税排行榜中，前 10 名的公司中就有 3 家是石油公司。

更重要的是埃克森美孚公司这样的石油巨头每年给联邦政府缴纳这么多税金时，世界经济受到了什么损失。埃克森美孚公司的利润和股票市值高，足以说明该公司为股东和消费者贡献了极大的价值，而该公司高管治理有方，在美国公开挂牌的石油公司当中市值最高，这证明他们的资金配置能力无人能比。相较之下，谁会相信约翰·博纳、南希·佩洛西、米奇·麦康诺和哈里·瑞德这些政治人物可以更好地配置埃克森美孚公司每年上缴给政府的数十亿美元资金？

尽管遭受贪婪政客的掠夺，石油工业仍然迎接了某种可喜的新生，可是我们不要忘记巴斯夏所说的"看不见的"部分。如果没有如此道貌岸然的剥削，迫使能源业上缴重税，这些公司不知道会发展成什么样子。

对于有潜力的公司应该允许其成功，同样，无能的公司也应该允许其破产。奥地利经济学家路德维希·冯·米塞斯写道，如果企业家无法利用资金带来"令消费者满意的结果"，那他就"应该退居到他的愚昧不再伤及人类福祉的地方"。米塞斯的意思是企业家之所以成功，是因为填补了市场需求，如果他们失败，往往是因为失去了消费者。一旦发生这种情况，企业破产反而对经济有利，因为市场将会被释放，也不会再继续浪费资金。

这位颇具影响力的奥地利学者言之有理。无能的公司不但满足不了消费者与股东，还在运营过程中浪费宝贵的资本。以后政府救助失败企业时，都应该牢记这一点。成功的企业满足我们的需求和渴望，为人们提供就业机会，它们就不应该再承受压迫性税收的负担。同样，假如企业无法满足我们的需求，政府也应该任其倒闭，而不是再浪费资源。

# 第 3 章

## 有些政府支出并未创造就业

工作量会不断增加，直到填满为那份工作制定的完成时限为止。

——C. 诺斯古德·帕金森《帕金森定律》

《查令十字街 84 号》是 1987 年出品的一部风评颇佳的电影，饰演片中主角的明星包括安妮·班克罗夫特、安东尼·霍普金斯和朱迪·丹奇。这是一部艺术电影，用编年纪事的手法描写两个藏书迷之间一段长达 20 年跨越大西洋的友谊。

这部电影最能打动我们的，是在 20 世纪中叶人们想购买绝版图书的诸多麻烦。当年的跨国电话费高得令人生畏，普通人只能通过信件交流。所以，纽约的海伦·汉芙给伦敦的二手书店老板弗兰克·德尔写了一封信，想通过邮寄的方式从他那里购买一些书，然后自己以支票付款。

在今天看来，这样缓慢的交易慢得令人无法接受。由于缺少互联网、电子邮件和便宜的长途电话，使得买书这么简单的事也变得如此困难。

如果把时间快进到 21 世纪，汉芙就不会去联系弗兰克，而是直接登录亚马逊或者 AbeBooks 网站，搜索所有二手书店的详细书目，并且可以通过信用卡购买。感谢伟大的杰夫·贝索斯，使我们可以在亚马逊网站买到《查令十字街 84 号》，虽然这本书所描述的生活方式已不再是我们所向往的。

贝索斯身家数百亿美元，因为他创建的公司引领网络零售商改变了人们购物的方式，市场用巨大的财富回馈他的天才创意。过去耗时费力的交易，今天只需要短短几分钟，轻轻点击几下键盘就能够轻松完成。

上面所说的这些和政府支出有什么关系呢？首先，很多人认为是政府税收创造了互联网。2013 年，《财富》杂志的艾伦·斯隆写道：

> 贝索斯的公司毕竟是基于互联网，而互联网是由联邦政府的军方在"冷战"时期研发创造的。没有阿帕网就没有后来的互联网，也就没有亚马逊；没有亚马逊，贝索斯也就没有 250 亿美元个人财富。

这种说法完全错误。政府实质上没有任何资源，正如你的年度所得税申报表所示。政府可以支出，也可以为支出而借款，但只限于对财富所征税款的范畴。同样，政府不能创造就业，政府创造的工作随着两大因素变化而变化：对劳动者收入征收的税额和基于征税权力而借入的款项。所有的职位，无论是公共部门还是私人企业，所有的就业岗位都可以追溯至私人企业的生产力。政治人物可供投资的唯一财富取自他人。

那互联网又是怎么一回事呢？政府投资确实发挥了作用，协助创造了一个很大程度上无法使用的简陋版互联网。换句话说，也是因为最初从私人企业夺取了资源才得以完成。个人受利润的激励，开展私人生产才使得如今的互联网成为可能。尽管艾伦·斯隆对政府投资歌功颂德，但是政府能给予的顶多就是最初被它夺走的东西而已。

私企则是另一番景象，我们已经看到亨利·福特将利润再投资后使汽车变得无处不在。个人计算机也是同样有力的例证。在20世纪70年代，一台个人电脑的价格超过100万美元。不过，感谢迈克尔·戴尔等人的努力，如今平价电脑相当普遍，使得美国和大多数国家的人民都用得起。黑莓公司与苹果公司创造了智能手机，随着大量生产，降低售价使得一般百姓都能利用这种口袋型设备获得资讯，互通信息。如果你想到了改善人们生活的方法，通常就能获得利润，因为资本所有者为了获利会提供丰富的产品。

政府应该花多少钱去创造像互联网这样能够改变现状、提升生活水平的东西呢？这个问题并不重要，重要的是如果没有政府的开支，像互联网这种能改变现状、提升生活水平的东西可以提前多久问世？政府支出不会创造就业，反而阻碍投资，妨碍民间创造就业机会。

记住，企业家如果缺少资本就成不了企业家，不管资本的来源是他们自己的储蓄，还是向人家的借款，还是其他人的投资，反正一定要有资本才行。谷歌便是这样发展起来的。人们都知道这家巨无霸公司曾经规模不大，也没有多大影响力。1998 年，杰夫·贝索斯向谷歌公司投资了 25 万美元，从此谷歌有了吸引大量资金的能力，是贝索斯的资金使这家公司的早期起步成为可能。贝索斯还投资了推特。推特现在是一家全球知名的公司，它的名字和谷歌一样，如今已经家喻户晓。

脸书能帮助你找到失联已久的朋友，还是一个成千上万用户发布生活动态、分享观点或与朋友交流的社交工具。这家上市公司目前市值高达数千亿美元，而它曾经也只是一个微不足道的社群。社交媒体网站成立的初衷是让四散的名牌大学的老同学再聚首，亿万富豪彼得·泰尔觉察到了它的潜力，一举投资 50 万美元，为这个全球知名的社交媒体打好了基础。后来它的发展肯定已经远远超出几个创始人当初的设想。

当然，还有苹果公司这个例子。苹果公司是当今世界上市值处于顶端的公司之一，但是当 1977 年史蒂夫·乔布斯重返公司时，正是它陷入严重的困境之时，是乔布斯挽救了苹果公司。但很多人不了解的是当这家公司前途未卜，其他投行都对它避而远之时，是比尔·盖茨向它投资了 1.5 亿美元。

道理再简单不过：创业商机需要资本的有力支撑。联邦政府不但不提供资本，反而抢夺资本。高额企业所得税是对生产的惩罚，征收了用来投资新产品或改进产品的资金。另外，政府支出是对生产企业征收的另一种税，政府的支出，是通过征税或者通过从私人投资企业获得了资金，那么其他资金需求者所能得到的投资额就会减少。如果没有这些支出，这些资金很可能会分配到未来像微软或苹果这样能取得技术进步的公司手中。

令人难以置信的是联邦政府不会高效地利用那些被征收的资金，这说起来是漫长又可悲的故事。回看 20 世纪 30 年代的经济大萧条时期，当时美国社会存在一种自负的观点，认为可以通过政府支出使社会步入繁荣。这一观点成了当时政治阶层的正统观念。

阿瑟代尔位于西弗吉尼亚州，是一个被遗忘的城镇，但在 20 世纪 30 年代，它是联邦政府一项雄心勃勃的试验计划的基地。州政府在当地竖起一块历史纪念碑，上面写着："1933—1934 年，依照联邦《宅地法》而建立的全国示范规划社区，埃莉诺·罗斯福最支持的项目，通过农业和手工业帮助失业人士自给自足。"

埃莉诺·罗斯福发现了阿瑟代尔。作家 C. J. 马洛尼在 2011 年的著作《回到土地》中讲述："当埃莉诺看到摩根城附近的贫困时，她要求她的丈夫，也就是罗斯福总统为他们做点事情。阿瑟代尔镇依照罗斯福总统的命令建立，它是罗斯福总统的工作业绩。"

但是，"埃莉诺的小镇"最后失败了，与以政府规划的其他试验项目的结果如出一辙，不过它至少留给我们一些关于政府投资的经验与教训，其中之一就是浪费。私人建筑商建造房子是以高于建筑成本价格出售为目的，但阿瑟代尔却失去了市场约束，联邦政府建造房屋的造价成本平均为 1.66 万美元，而售价只有 750 美元至 1249 美元，这就是资金投入方不受市场约束时所出现的后果。私人投资者通常不能忍受借款人任意挥霍他们的金钱，假如发现私人建筑公司借了钱，却去盖阿瑟代尔镇那样的房子，他们势必会迅速收回资金。

阿瑟代尔的不计成本说明了联邦政府因为欠缺市场经验，吃了很多苦头，可是为什么呢？这不是在说政府官员的坏话，而是说联邦政府欠缺取悦私人投资者的动力。相反，纳税人的钱就是一口深井，当政府没钱时，总是可以从税金中汲取。

在美国，有些政府项目就是浪费，这并不是说政府官员都是无能者，问题是无论执行效果如何，政府项目总能得到纳税人的税金支持。每天都有私企倒闭，但究竟有几个政府项目会被叫停？激励机制很重要，政府项目有用不完的资金，但没有要适应新市场的紧迫感，这种安排自然会造成浪费。

对于"浪费性政府支出"的抱怨，有一派人提出反驳：政府必须出面投资那些民间企业不肯涉足的项目。说得更明确一些，对于高风险，即使最大胆的投资人也不愿冒险的项目，政府必须扮演风险投资者的角色。听起来这好像不无道理，不过很快就被无数反证攻破了。尽管近来联邦政府支付的薪水超越私企，但成功的投资者依然是当今世上最有钱的一群人。沃伦·巴菲特位居富豪榜之首，但细看《福布斯》杂志的美国 400 富豪榜，就知道有许多资本家紧追其后，梦想着超越巴菲特。

净资产是市场导向，它说明了最精明的投资者不会为了联邦政府工作。

这种所谓民间投资人缺乏胆量，不敢投资风险高的项目，历史已经证明它是错误的。像早期的汽车行业，投资这个新鲜事物存在巨大的风险，尽管如此，在汽车行业刚开始发展时，美国就有 2000 多家汽车公司，虽然最后只有 1% 得以幸存。

最后，在计算机和技术行业里有许多公司倒闭。然而，硅谷的投资仍然不减。有些人认为投资人不会涉足高风险行业，但事实证明，风险越大回报越高。投资者之所以受到高风险投资机会的吸引，正是因为有丰厚回报。

但话又说回来，联邦政府不但是浪费资本，而且还阻碍资金进入初创企业，但成功的私人企业则可以收获甚高。不信的话，可以去读罗伯特·巴特利在 1992 年出版的著作《丰盈七年》，他在书中提出了下面这个问题：

按照从联邦政府产业规划机构获取资金的可能性大小进行排序：

A. 史蒂夫·乔布斯的车库

B. IBM

C. 国会议员所在地区的公司

答案显而易见。这个答案恰恰说明了为什么那些谈论政府投资的政治人物值得我们怀疑。"跟着金钱走"这句话用在这里很合适，因为政府的做法其实是很保守的。众所周知，在自家车库里创办苹果公司的史蒂夫·乔布斯没有读完大学就休学了，如今，苹果公司堪称美国创新的标杆，可是回想当初在车库白手起家时，这个公司注定得不到政府的青睐。

联邦政府倾向于投资像索林佐这样的公司。这家失败的太阳能电池板公司从能源部获得了 5.35 亿美元贷款，最终失败，受害者还是纳税人。索林佐的支持者是乔治·凯泽，他也是贝拉克·奥巴马政府的头号捐助者。

我们在讨论有关经济增长时，这一点极为重要，因为每一块钱都是实实在在的，一块钱不会变多，也不会变少。"看得见的"所有政府投资和行政支出都是从公民手中获取的资金，他们的投资极少考虑到成本和回报。"看不见的"是如果这些被浪费的资金进入高投资回报率的企业，结果会怎么样？

由于联邦政府从有高生产力的公民手中抽取了那么多的资金，有多少谷歌和脸书因此永远没有未来？如果不是联邦政府挥霍无度，原本可以拯救多少个苟延残喘的公司，就像过去苹果公司得到资金挽救那样？深思这些问题令人心痛，但这些问题透露出：如果能够削弱政府抽取资金的能力，我们将享有更多机遇。

# 第 4 章

## 预算赤字不重要，问题在于支出

赤字并不是一个没有意义的数字，只是其重要性被过于高估了。

——罗伯特·巴特利《丰盈七年》

2013 年 4 月，苹果公司发行公司债券，轻而易举地获得了170 亿美元资金。投资者排队购买该公司的债券，使得这次债券发行规模一举突破纪录，成为有史以来成交金额最高的公司债券交易。苹果公司有能力承担这么多债务，谁也不会感到惊讶。债券卖得这么好，反映了市场人士的共识：凭借时尚的 iPhone 和 iPad，它现在是全球市值非常高的公司之一。2011 年，谷歌成功发行了 30 亿美元的公司债券。这两家公司所支付的债券利率只比美国政府借款利率高一点。

为什么联邦政府能用这么低的利率借到资金？美国国债背后有

全世界最强经济体的支持，这就是理由。不管美国遇到什么问题，私营经济中仍有着全球经济活力最强的个人和企业存在，这让财政部很容易以低利率借入资金，哪怕联邦政府以赤字支出，但依然有用不完的钱。由于政府能向那些富有经济活力的个人和企业征税，所以投资人都明白，联邦政府有能力偿还借来的钱。

我们从个人的角度来思考，就比较容易了解政府债务。假设某人在拉斯维加斯试下手气，结果赢了 5 万美元，事后他向朋友们宣布这笔意外之财时，3 位朋友想向他借钱。

第一位朋友是年入 200 万美元的投资银行家，大部分酬劳是红利，而大多数红利以公司股票形式发放，必须持有一年以上才能卖出。这位银行家近期缺少资金，他承诺，一旦股票禁售期满，就会把钱还给赢钱的朋友。

第二位朋友是纸品公司的业务员，业务好的时候能年收入 10 万美元，但经济波动时，他的年收入就会降到 7.5 万美元，而且随着无纸化办公的发展，他面临着失业。

第三位朋友热爱自由，喜欢埋头研究商业创意。他总是特立独行，不愿西装革履地在僵化的公司里工作。他突然想到了一个有意思的 iPhone 应用程序，迫切需要用资金把它开发出来，然后去拜会沙山路上的风投公司。

从逻辑上判断，投资银行家是最保险的贷款对象，毕竟他年收入很高。双方都清楚，这是一笔低风险的借款。银行家计划在股票禁售期满后，就出售价值 25 万美元的公司股票，他同意支付 3% 的借款利率。

借钱给纸品公司业务员的风险较高。科技的发展使纸品的需求大幅下降，这一点出借人非常清楚。此外出借人更担心推销员的信誉，要求这 5 万美元借款利率是 6%。

至于那位"杀手级应用"的程序开发者，他成了风险最高的借款人。然而正是因为这种高风险，出借人要求他对这笔资金支付更高的 12% 的利率。

最终，这 5 万美元的出借者决定采用保守做法，他把钱分成 3 份，将 3.35 万美元借给投资银行家，利率 3%；1 万美元借给纸品公司业务员，利率 6%；6500 美元借给高风险高回报的创业者，利率 12%。

政府赤字的问题和这个故事一样。美国经济规模高居世界第一，美国财政部每年税收收入将近 3 万亿美元，承担高额赤字根本不是问题。

美国并非唯一能够轻松发行债券的国家，日本、英国和法国预算赤字仅次于美国。国库被税收收入充盈，但是仍出现高额赤字，这种现象不足为奇。更重要的是富裕国家借款并不成问题，即便是在由全世界最精明的投资者构成的债券市场上。

相反，贫穷国家常常被这些债券市场拒之门外。比如洪都拉斯和尼加拉瓜几乎没有年度债务，经济落后的津巴布韦在某些年份还会有预算盈余。但那些投资者不会把赌注押在这些经济薄弱的国家上。税率高低不重要，毕竟税基实在小得可怜。

我们再回过头看看苹果和谷歌的例子。这两家私人企业的经营绩效远超美国政府。既然如此，那为什么他们举债时所支付的利息反而会比美国国债高出一些？因为他们可能会碰到不景气的年头，也许一年，也许好几年。而联邦政府永远不会碰上坏年头，哪怕税收随着经济枯荣起起伏伏，但总是资源充沛，这会令投资人感到美国政府的国债毫无风险。政府证券购买者把赌注押在私人企业的盈利能力上，认为私人企业能够产生政府偿还借款所需的财富。就像矛和盾的故事，过高的政府赤字是一个市场信号，证明投资者对美国的未来充满信心。

前面提到的那位幸运顾客，他把大部分资金以最低利率借给投资银行家，把少量资金以较高利率借给不稳定的纸品公司业务员，又以高利率出借最少一部分资金给习惯高风险的创业者。同样的道理，精明的机构投资者也是根据风险高低来给企业和政府配置资金的。信用高的借款人能借到最多钱，并且享受最低利息。至于信用低的借款人，必须支付高额利息才能吸引出借人。

即使全世界最精明的投资人，都会抢着以全球最低的利率把资金借给美国财政部。但是过去十几年来，我们不断听到评论家的悲观预言，美国财政部即将走上穷途末路。更令人奇怪的是这些评论中，有很多人赞同市场经济。

英国历史学家尼尔·弗格森是知名的右翼经济思想家，写过很多本经济史著作。不过在 2013 年 10 月写到美国财政赤字时，他警告道：

> 现在联邦政府的实际财政状况，远比人们认识到的要糟糕很多。只要看看政府最近的长期预算报告——被所有媒体忽视的，由国会预算办公室在上个月所发表的——你就能够明白，不是美国会不会违约，而是什么时候违约，以及违约会发生在哪一笔迅速攀升的债务上。

马克·斯泰恩这位颇受欢迎的保守派评论家，在其 2013 年的著作《美国之后》中写道："美国普遍的政治现实不允许任何有意义的航向修正。"而"缺少有意义的航向修正，美国注定失败"。斯泰恩在《国家评论》杂志的同事凯恩·威廉姆森于 2013 年出版的《末日将近，势必惨烈》一书中宣称，美国的预算赤字无法解决，它正在促使我们破产。

弗格森、斯泰恩和威廉姆森的观点都可能正确。不过自从美国成为独立国家开始，悲观主义者就已经在不断预测美国的灾难。尽管这些评论家都同意，市场整体运行正常，但他们的评论都暗示着债券市场十分危险。我并不这样认为，政府支出过度无疑损害了经济增长，但债券市场上不都是无知者，购买政府债券的人和借钱给个人的借款人同样小心。

即使弗格森、斯泰恩和威廉姆森掌握了一些投资者不知晓的某些信息，但是担心政府债务高依然是没有看到问题的本质。表面上看来，政府举债之所以成为问题，是因为政府与民间创业者及公司争夺有限的资金。但是我已在前文指出，"每一块钱都是实实在在的，一块钱不会变多，也不会变少"。

永远不要忘记，我们生活在全球市场里，联邦政府的钱究竟是借来的，还是征税得来的并不是问题的关键。因为这两种行为都会减少民间可动用的资金额度，结果自然都有害于经济的增长。到底是每年联邦赤字 5000 亿美元支出 1 万亿美元比较好，还是预算收支平衡都达到 3 万亿美元比较好？从经济学角度来看，前者比较好，重点在于每年支出额度的高低。

实际上，最重要的是减少政府整体开支。企业家如果没有资本，就不可能成为企业家。如果联邦政府少消耗一些资金，那么有发展潜力的个人或企业就会拥有更多的可用资金。

回到本章前面所举的个人案例。假设那个幸运人在赌城赢的不是 5 万美元，而是 10 万美元，又会是一番什么景象？现在开发应用程序的创业者成了更有吸引力的借款人。有了额外的 5 万美元后，在总额中抽出更大的份额，把他借给风险更高、承诺支付更高利率的人，这样的投资还是值得的。这样他也许会借 5 万美元给投资银行家，30500 美元给纸品公司业务员，19500 美元给下一位伟大的应用程序开发者。

读者现在应该明白，为什么政府支出比财政赤字更值得关心。经济繁荣于大胆尝试和对新创意承担风险。政府消耗的资金越多，投资人就会越谨慎地分配剩余资金。然而，高风险的投资对经济提供的潜在的利益也最大。时代公司旗下的《体育画报》每年出版一期泳装专刊，为公司带来 4000 万美元的收入。回顾 20 世纪 60 年代初，这份专刊"开始的时候只是闹着玩的，可以说是破罐子破摔，反正没有别的东西可做，才会临时出版这期专刊"。

2002 年，美国国家电影名册收录了 1984 年出品的经典电影《摇滚万岁》。这份资料保存着那些被认为"在文化历史或美学方面，地位举足轻重的影片"。《摇滚万岁》创作者之一克里斯多弗·盖斯特回忆道："我们在好莱坞四处展示我们的电影，试图找到投资人，让我们完成电影的拍摄，但我们得到的回答是：'我们看不懂，你们到底在拍什么？'"后来，传奇的电影制片人诺曼·利尔提供了资金，这部日后引起广泛关注的电影才得以拍摄完成。

　　1986 年，罗素·马里兰还只是一名不受重用的高中橄榄球运动员，所幸的是在招生快结束前，他父亲将儿子踢球的一盘录像带寄给了迈阿密大学，马里兰才获得这所橄榄球强校当年颁发的奖学金。在迈阿密飓风队一直到毕业，之后马里兰成为 NFL 选秀的状元。后来他加入达拉斯牛仔队并赢得了超级碗，2012 年入选大学橄榄球名人堂。在大多数大学教练忽视马里兰之际，迈阿密飓风队冒险给了他一笔额外的奖学金，结果他们赌赢了。

　　假如没有资金，就很难促成更大经济飞跃。《法国贩毒网》的剧本会被搁置，《摇滚万岁》将永远无法与观众见面，《体育画报》也不会冒险制作泳装专刊，马里兰的美式足球生涯更会在高中止步。另外，政府减少支出意味着可用资金增加，在这个更大的资金池中，会有少部分可能被用到有风险的投资上面。

　　政府支出无疑是一项看不见的成本。那些始终未能获得资助的天才创意因此成了“看不见的”。为了减少政府支出所造成的负担，我们需要提高投资高风险创业资金比率，由于风险大，这些创意才能够真正地改变经济。既然大家都想过好日子，我们就要努力削减联邦政府的花费。赤字没什么了不起，它真的没那么重要。

# 第5章

## 资本利得是推进创新的头奖

> 资本利得带来的希望是一种特别重要的激励，它是激励创业活力的头奖。
>
> ——罗伯特·巴特利《丰盈七年》

达拉斯牛仔队是美国国家橄榄球联盟（NFL）价值最高的球队，每年除了2亿美元的赞助费和高价席位收入，再加上分享联盟电视转播收入、授权费和商品收益，使得这支球队净值超过30亿美元。

1989年2月，琼斯以1.49亿美元的价格买下达拉斯牛仔队，并换掉了传奇教练汤姆·兰德里，另聘了他在阿肯色大学的前队友吉米·约翰逊。琼斯和约翰逊组建了一支优秀的团队——至少一开始是这样。1993年，达拉斯牛仔队成为超级碗冠军。1994年卫冕成功。1996年，在主教练巴里·思维泽的率领下再次登上冠军宝座。

事后来看，琼斯的巨大成功可能没什么了不起。可回顾他在

1989 年购得球队的决定确实是非常明智的。NFL 年年营收 100 亿美元，直逼个别国家一年的财政收入。每年，联盟从比赛的电视转播费用中获得 50 亿美元收入，从百事可乐等赞助商手中获得 10 亿～ 20 亿美元赞助金，票务收入 20 亿美元，还有周边商品授权和商品销售 10 亿美元。NFL 就是一棵摇钱树。如果琼斯在 20 世纪 80 年代末没有买下这支球队，那他一定后悔不已。

用现在来预测未来，固然有些瑕疵。同样的道理，试图用现在了解过去，也没有什么价值。著名投资银行所罗门兄弟的投资专家曾劝说琼斯放弃购买达拉斯牛仔队，并警告他不要把全部财富押在一笔糟糕的投资上。

琼斯从 H. R. 巴恩·布莱特手中买下了达拉斯牛仔队，而布莱特出售球队，是因为 1988 年球队战绩是 3 胜 13 负，亏损 900 万美元。在得克萨斯体育场，90 多个豪华套间空无一人，1988 年的全部比赛中，只有一场比赛的门票是全部卖完的。从 1984 年到 1988 年，上座率下降了 25%。

罗杰·斯托巴赫是达拉斯牛仔队著名的四分卫，20 世纪 70 年代两次带领球队赢得超级碗。1988 年，他是一家成功的地产公司老板。他对球队的了解比其他人更深，本身也拥有绝佳的名气和声誉，他可以撬开任何一位富豪的大门。然而，当达拉斯牛仔队的资深经理特克斯·施拉姆鼓励他购买球队时，斯托巴赫以没有兴趣为由放弃了这项计划。事实上，1988 年的 NFL 和达拉斯牛仔队远不是如今的身价。在 30 年前，琼斯用自己的全部财富冒险，投资于一项没有一点吸引力的事业，即便那些有经验的投资者对此也望而却步。

那么，琼斯的冒险最初换来了什么呢？当他乘飞机到奥斯汀解雇兰德里时，这位教练怒气冲冲地说："省省你的燃油费吧，没必要跑来一趟。"兰德里在达拉斯很有名望，当琼斯解雇他的时候，人们就开始称琼斯为"杰斯罗"，意指影片《比弗利山人》中暴发户杰斯罗·伯丁。也有人称他是世界"第八大错误"。达拉斯的很多汽车的保险杠上贴起了这样的纸条："金钱买不了品位，琼斯先生。""达拉斯牛仔队是一个烂队。"

或许兰德里的话有一定道理，本来琼斯可以更体面地处理球队交接。可琼斯将他大半生的财富投入这次收购，却不被大多数人看好。琼斯有一句话很著名，他说："我打算把里里外外都弄明白……"他要从各个方面管理这支球队。他并没有提及失败的后果，或许是因为他坚定自己的信念，或许是因为企业家特有的必胜之心。球员和雇员的薪水不变，但他自己的财产却大幅减少。

琼斯的故事很适合用来解释资本利得税，也就是成功投资要缴纳的税。假如琼斯现在卖掉球队，就会因为他挽救了一支既输球又亏损的球队而向联邦政府缴纳数亿美元的税款。换言之，资本利得税是政府对他的成功收取的"罚金"。琼斯不仅拿自己的资金冒险，他也付出了相当多的精力管理自己的球队。他的传记作者吉姆·登特称："他是一个浑身上下充满活力的人。他一天只需要睡两个小时，却比整晚睡眠的大多数人成就大。"在这些付出之后，联邦政府却理直气壮地拿走他一大部分投资收益。

关于资本利得税的辩论中，有一点很有意思，那就是它的支持者称投资成果为"非劳动收入"。他们不去考虑获取投资资本前付出的努力。尽管琼斯在投资达拉斯牛仔队之前，靠能源行业赚钱，可他从 9 岁就开始在阿肯色州的家庭超市里迎接客人，读大学时在汽车后备厢卖鞋。登特说："琼斯几乎卖过天底下每一样东西，包括小鸡和不动产。"

对非劳动收入征税的政策忽视了人们在创造财富时付出的努力，殊不知有了这些财富，琼斯才能投资达拉斯牛仔队。更糟糕的是它暗示人们应该对自己的收入进行消极投资，不要去重振在低谷的事物——后面我会对此解释这有什么不对。琼斯虽然有大量财富，但他的每一块钱都是通过努力积累起来的，而且他用这些钱振兴达拉斯牛仔队。假如琼斯面临 98% 的资本利得税，结果又将会是怎样呢？

你可能会说这太过分了，不会有哪个政府会以没收般的税率惩罚投资成功。但在 20 世纪 70 年代，英国政府就曾对滚石乐队征收 98% 的重税。理查兹得出一个结论，"这就相当于让我离开英国"。从 20 世纪 70 年代英国经济增长疲软来判断，其他很多能创造财富的人，大多做出了相同的决定。

这些企业家之所以功成名就，绝不是因为创业轻松或安全而因为创业艰难，是高风险高收益的事情。资本利得税增加了企业吸引资金的难度，如果在 98% 的资本利得税下还进行投资，也只有傻瓜才会那么去做了。

20 世纪 70 年代，美国经济也经历了与英国相似的问题。美国政府对投资者征收 50% 的资本利得税，这直接导致对未来商业投资的停滞不前，投资成本高，美元又在贬值。从 1974 年到 1978 年，首次公开募股平均每年只有 28 家公司。1978 年，资本利得税降至 25%，首次公开募股的企业数一下子多了起来。1979 年增加到 103 家，到了 1986 年，更是剧增到 953 家。减少对投资征收重税是十分有效的激励措施。

20 世纪 70 年代在美国和英国盛行的资本利得税将大幅增加杰里·琼斯购买达拉斯牛仔队的风险。如果有一天他打算卖掉球队，政府将会夺走他一半的利润，那他为什么要花钱买一支赔钱的球队，然后还要为它付出所有呢？

对"非劳动收入"说法，还有另一个矛盾之处，假如当时琼斯所面临的是 50% ~ 98% 的资本利得税，他可能不会买下达拉斯牛仔队，但要是他跑去其他国家把钱拿去购买奢华轿车，税收体系就会对他的举动加以赞许。消费型生活减少他的税单，但工作型和投资却不行，琼斯把一生收入投入达拉斯牛仔队还会产生巨额的税单——一旦他卖掉球队，他将面临数以亿计的税款。

然而，企业家做出投资决策时，难道心里真的不担心税率吗？我们可以假设史蒂夫·乔布斯和杰夫·贝索斯全心全意忙着革新家用电脑、平板电脑、手机和网上购物的方式，根本没有时间顾及税率问题。就像琼斯买下达拉斯牛仔队时曾对外宣称："我早就想把它买下了。"

或许如此，不过没有资本就没办法创业。天下之大，一定有人省下钱来拿去投资，这样企业家才能创造他们的奇迹。我们要记住，人们决定怎样利用自己的钱，是有各种选择的。此时的资本利得税率是 20%，投资人可以选择购买政府债券。"市政债券"不会有大幅波动，出售时损失相对也较少，另外还有市政债券收入无须缴纳联邦税和地方税。这样你就可以明白，为什么在 20 世纪 70 年代市场上几乎看不到企业首次公开募股。有钱的人若是投资在事业上，不但要面对高风险，还要承担高税率。与其这样，不如投资免税的项目，比如，地方市政债券。

　　史蒂夫·乔布斯和杰夫·贝索斯必须筹集资金，才得以创办苹果公司和亚马逊公司。更重要的是有些投资人愿意延期消费，目的就是要将资金投入苹果公司和亚马逊公司。但如果像 20 世纪 70 年代的英国那样，资本利得税是 98%，那么我们可能就不会拥有智能手机，也无法在网上自行购买各种各样的商品。

　　当然，杰里·琼斯不需要筹集资金购买达拉斯牛仔队，他自己有钱，所以资本利得税不会困扰他。尽管如此，财富还是随着储蓄和投资不断变化，当琼斯投资达拉斯牛仔队时用的是自己的资本收益。但别忘了他曾说过，自己早就想涉足这个生意。假如当初他面对的税率与 20 世纪 70 年代一样，恐怕这项橄榄球生意就不会那么吸引他了。

　　NFL 之所以能够成功，大部分要归功于球队老板愿意为全体决策人员、教练和球员花钱。人们常说，NFL 有一股一视同仁的精神。年复一年，不乏曾经处于低谷的球队成为超级碗的有力竞争者。然而，如果资本利得税使得球场上的利润等于零，那么球队老板就没有动力，也不会把资金投到球队上。而如果缺乏优秀的人才，球队大概只会沦为平庸，无缘获得超级碗冠军。说得更直白一点，如果不是资本利得税税率降低了，今天的 NFL 也不会存在。毕竟没有谁愿意冒那么高的风险重组球队，结果却被拿走大部分酬劳。

　　幸运的是资本利得税已经比 20 世纪 70 年代降低了很多。对杰里·琼斯这类人来说，财富就代表"保持战绩"，所以他们继续冒险。琼斯的成功的确启发了其他球队老板如何提高球队的价值。达拉斯牛仔队 1996 年以后就没有再获得过超级碗冠军，但琼斯为一些生意人铺好了路。譬如，罗伯特·克拉夫特于 1994 年斥资 1.72 亿美元买下了新英格兰爱国者队，并为此身负巨债。克拉夫特的爱国者队已经 5 次进入超级碗决赛，获胜 3 次，被视为 NFL 的模范球队。在克拉夫特的带领下，新英格兰爱国者队的价值飙升到 18 亿美元，其他球队也都因为琼斯和克拉夫特的成功而获益。

对克拉夫特来说，购买 NFL 的球队冒了很大的风险——他与已故的妻子曾经为此闹过矛盾。后来他说："我买完这支球队回家时，她气疯了。"如果 1996 年资本利得税税率与 20 世纪 70 年代一样高，他很可能不会买下球队。既然不能将购入的资产大幅增值，克拉夫特便没有理由去借那么多钱，而且这样做还让妻子暴跳如雷。

也许有人会说，克拉夫特和琼斯并不打算卖掉球队。这不是重点，假如当初的资本利得税是 98%，或者 50%，琼斯可能不会费力买下达拉斯牛仔队，克拉夫特也就无法筹集到购买球队所需要的资金。NFL 多亏了克拉夫特和琼斯这样的球队老板才会更出色，更风光无限。但我们要明白，其他行业也一样。投资人有多种选择，他们要根据激励措施的大小来做出决策。

失败使经济得以发展，不但提供资讯给企业家，也释放资金，使资金进入生产力更高的领域。但失败的可能性会给投资带来风险。投资者知道，把资金投资在私人企业，他们可能会血本无归，如果赚到钱，他们尚需要上缴 20% 的税。同样，这些投资人也可以选择购买政府债券，尽管收益少得可怜，但是可靠，如果是市政债券，还可以免税。

政府所发挥的一些职能，确实没有其他人能够办到，且不可代替。例如，提供安全保障和法治规范，但政府不能创造财富。但当企业与政府争夺投资者时，我们的税法对企业家非常不利。

税法优待政府消费，提高投资税，这样一来我们将失去多少个乔布斯，没有人能估算出这个数字。不过，既然经济进步源于人才和理念与私人资本相匹配的结果，想象一下我们失去的东西，便会十分可怕——比如癌症疗法，比如让 iPhone 相形见绌的先进通信技术，比如更优良的运输工具。

如果弄清楚了这些关系，政府就会减少或取消资本利得税，并提高对政府债券收益的税收。这种情况在短期内不会发生，因为政府的运转，就只能对我们的生产力征税和借款。问题是消费人民的钱财，势必会降低人民的生活水平。

**第6章**

## 促进财富流动的最佳方式是废除遗产税

> 由前人的辛苦劳动和节约而积累下来的资本，难道除
> 了法律上对其享有继承权的人外，其他人都不能受益吗？
> 前人形成的大量智慧，包括科学和经验，我们不是也继承
> 了这些知识，并用来造福后代的吗？
>
> ——约翰·斯图尔特·穆勒《政治经济学原理》

21世纪初，帕丽斯·希尔顿财富暴增，声名大噪。原因并不是她赢得了奥斯卡金像奖最佳女主角，不是成立软件公司，也不是创立了成功的酒吧品牌，而只是因为她是帕丽斯·希尔顿。

无论是年轻人还是老年人，都发现自己被康拉德·希尔顿漂亮的曾孙女吸引。康拉德是希尔顿国际酒店集团的创始人，酒店以他的名字命名。帕丽斯曾参加了真人秀节目《简单生活》，而她的性爱视频流出后，竟然提高了她的个人品牌价值。尽管她未来可能继

承一大笔遗产，但是目前的坏名声每年也为她带来几万美元。

希尔顿小姐的每一个出格的举动都会引起广泛关注，这其中就包括税务部门。他们认为应该提高遗产税，以此来剥夺如希尔顿小姐这样的人的继承权。但诋毁这位女继承人的人们如果能考虑得更全面的话，他们得出的结论可能就会是相反的。

我们都知道财产是"生不带来，死不带去"，但联邦政府却希望这些财产也不能留给朋友或爱人。如果有中等富裕阶层的人去世，那么"山姆大叔"就会理直气壮地拿走他45%的财产。既然如此，人们为什么不在死前尽情挥霍呢？

他们会辩解说，财富不应该集中在没有创造财富能力的人手中。美国前总统奥巴马在2008年竞选时向"管道工乔"（向奥巴马提问的管道工人）解释了这个问题：当政治家致力于平均财富，这对社会变好有益。奥巴马或许过于坦率，但他如此公开地表达这个观点时，可能会让他的支持者有些惊慌。然而，奥巴马透露了一种深层次的理解，提示了当政府不没收财富时将会发生什么。

让财富留在富人手中是"均分财富"的最佳方式，这听起来似乎违反常识，但如果思考一下，事实确实如此。软件巨头甲骨文公司创始人拉里·埃里森拥有数百亿美元财富，大大超过了他的消费上限，但不存在资金闲置，除了像谚语里说的"把钱塞在床垫里"。当你把钱存进银行，银行在付给你利息时，会以更高的利率把它借出去，利率高于存款利息。

《美国周刊》刊载了好多奇闻趣事，包括高名望人士和声名狼藉的人。帕丽斯·希尔顿经常登上该杂志。杂志的一个版面专门刊登名人日常生活的照片。《美国周刊》让读者相信，有名望的人和其他所有人一样。他们也要给汽车加油，也要去商店购物。他们也有银行账户和股票账户。他们账户上的金额比普通人多得多，但这就是重点，富人的储蓄额非常大。

然而，无论账户金额多少，他的储蓄行为都不会减少那些有创造力企业的投资需求。储蓄只不过是把甲的消费能力转移到乙手中。存入银行里的资金很快会借给需要资金来购买汽车或支付大学学费的人。帕丽斯·希尔顿的钱存入银行后，她的这笔钱就会重新分配给需要资金的人，而这些利用资金的人会进行各种各样的消费或者创业。

然而，当国会将个人继承的财产以税收的方式征走时，资金就会被立法者和官僚控制，他们是美国公民最不喜欢的人。

有一句话大家已经读了很多次，但很有必要重申：如果没有一开始的投资，就不会有企业和就业机会存在。帕丽斯·希尔顿没有花掉的金钱，加上她将继承的几百万美元，或许就可以成就很多微软一样的公司。美国是创业者的天堂，大家都有通过创造人们喜欢的产品致富的创意。要想让这些成为现实，就必须使投资到位。但让为创业者提供资金的人承担重税，受到惩罚的不仅仅是继承人，而且还有每一个需要资金的人。

为了使我说的话容易被理解，我们回顾一下 20 世纪 70 年代。那时电视节目很少，只有三个电视网外加一个公共频道，大一点的城市，还会多几个地方电视台。当时人们称电视机为"傻瓜盒子"。因为在几乎没有竞争的情况下，电视节目的制作质量非常低劣。与现在的人们一样，当时的美国人非常热爱体育节目，但电视上的体育节目不多，完全看三大电视网的转播计划。

比尔·拉斯穆森是一位专业推销员和连续创业者，偶然间，他产生了一个想法，希望能在新兴电缆卫星上购买即时转播时段，打造一个全天 24 小时播放的体育频道。这个电视频道最初被命名为 ESP-TV，后来发展成全美最大的有线电视频道，也就是后来深受人们喜爱的 ESPN。

企业家们可以通过解决问题创造财富，也可以像 ESPN 一样，通过打造人们未知的需求来获得财富。实现这些想法的时候，他们通常会面临着多数人的质疑。现在的 ESPN 在康涅狄格州布里斯托尔有自己的园区。但在 1979 年刚刚创立之时，它只能在一个只有客厅大小的房间里办公。租金是每个月 100 美元，创始人的办公桌由胶合板钉在旧门板上做成。

当我们在思考有钱人的财富和成功时，通常只会专注表面事物，比如，豪宅、豪华的办公室、出现在像《名利场》这样的杂志上的人物报道。这是最终的结果，"看不见的"是创业者成功之前的磨难。当拉斯穆森在康涅狄格州普赖恩维尔的假日酒店，正式向记者宣告他的有线体育频道上线时，比尔·彭宁顿是发笑的几个人之一。后来彭宁顿成为《纽约时报》记者，他写道："这是我听过的最愚蠢的事情！"

当时的投资者也有同感。《ESPN：未经审查的历史》的作者迈克尔·弗里曼报道称："ESPN 的损失惨重，电视网的某些人担心它撑不过 1980 年。"拉斯穆森的儿子斯科特还将银行户头中仅剩的 91 美元拿出来凑公司注册费，拉斯穆森则从自己的信用卡中透支 9400 美元，以支付越积越多的账单。然而他们的财务困境才刚刚开始。

即使拉斯穆森觉察到卫星转播电视光明前景，但是对于一家微小的电视公司来说，使用卫星转播的成本实在是太高昂了。但像拉斯穆森这类企业家，他们最不缺的就是对自己理念满满的信心。尽管缺乏资金，他还是想方设法与美国无线电公司签约，租下该公司一颗 24 小时不间断传输的卫星，每个月租金高达 3.5 万美元。拉斯穆森履行这份合同的方式，提醒我们一件事——企图通过遗产税来限制继承财富的做法不是明智之举。

约翰·保罗·盖蒂是盖蒂石油公司的创始人。他的公司极其成功，以至于 1957 年《财富》杂志称他为最有钱的美国人。1976 年盖蒂去世，留下数十亿美元的遗产。专业推销员比尔·拉斯穆森取得了财产继承人艾维的信任，经过多番谈判后，盖蒂石油公司向 ESPN 投资 1000 万美元，使拉斯穆森的梦想变成了现实。

拥护遗产税的人大概会嘲笑，他们认为 1000 万美元对盖蒂来说只是一笔小钱，留给继承者的财富远远高于这些，他们需要用遗产税来缓和财富集中的弊端。这样解释也不错，但盖蒂的公司对 ESPN 这样不大不小的投资，事实上很适合用来支持废除遗产税。

正因为投资 1000 万美元对盖蒂家族而言微不足道，一个精彩的有线电视网应运而生。从拉斯穆森寻找支持者时的艰难我们可以看出 ESPN 是一项风险极大的投资。由于盖蒂家族的财富极其庞大，愿意把部分闲置资金拿来冒险，ESPN 才能够获得资金注入。ESPN 获得的资金和盖蒂家族的财富相比只是沧海一粟。假如富人的遗产在他去世后没有被政府拿走，那么将有多少令人兴奋的创意可以吸引到投资呀！

目前 500 万美元以下的遗产免税，超过 500 万美元的遗产税率为 45%。表面上看来，这套制度或许是公平的，因为多数人的遗产远远达不到 500 万美元，也永远无须担心缴大笔税金。只有真正的有钱人才必须和遗产税打交道。然而实际上这并不公平。政府抽走富人将近一半的遗产，普通人根本无法从中受益，反而因为这些钱流入政府财政的口袋，使他们无法通过金融体系借到购车、买房和创业的资金。英国的热门影视剧《唐顿庄园》恰好证明了这一点。《唐顿庄园》描绘了贵族克劳利家族 20 世纪初在约克郡庄园跌宕起伏的生活、爱情故事。

故事开始时，由于唐顿家族首领格兰瑟姆伯爵与美国女继承人科拉之间的婚姻，唐顿的财务状况很不错。一直以来，婚姻就夹带着经济元素，对这一点生性浪漫的美国人或许装作自己不知道。尽管伯爵和伯爵夫人的婚姻看似美满，但实际上，这段婚姻至少一开始是建立在财务基础上的。科拉没有贵族血统，但她有钱。罗伯特·克劳利拥有贵族头衔，但他无力维持唐顿庄园，所以他们的结合是完美的互补。

在这部电视剧中，有一条主线始终很明确，就是如何维持唐顿庄园的财务安全，以免克劳利家族保不住这份产业。在故事的第三季结束时，庄园所有者马修·克劳利去世，必须依法缴纳遗产税；第四季里，克劳利家族必须想出两全的办法，既要缴纳遗产税，又能不卖掉土地，因为土地是他们赖以生存的基础。

这里我不打算剧透，不过可以做个假设，克劳利家族渡过了难关。毕竟这部剧如果少了唐顿庄园就没什么好演的。问题的重点是《唐顿庄园》让人们正视一个问题，以遗产税夺取一个家族的财富时，将会出现什么结果。如果靠变现土地才能完成遗产税，那么——这个家族将会被剥夺得一无所有。当富人被征税时，普通人也遭到池鱼之殃。政府征收遗产税，目标是家境富裕的克劳利家族。然而，深受其害的却是依赖唐顿庄园生活的那些普通家庭。

说到底，遗产遭到瓜分，获利的到底是谁？为了探究答案，让我们看看美国这边的情况。长期以来，乔治·史坦布瑞纳是纽约洋基棒球队的老板，他在 2010 年去世，那一年联邦遗产税暂时降为零。因为不是 2011 年，史坦布瑞纳的继承人省下了大概 6 亿美元遗产税。2010 年流传的一则笑话是拥有巨额财富的老人如果生病了，早点去和死神相聚会更划算——能省多少税金啊！

美国的开国者对政府持怀疑态度，因此他们所建立的新政府的权力只用于保护公民的个人权利，只在于保障百姓过他们想要的生活。由于宪法禁止政府过于干涉人民生活，美国得以晋升为全世界最富裕的国家。只可惜到了 2010 年，曾经自由度极高的美国人的处境，已经不堪到期盼某些家人赶紧在这一年离去，而不要拖到 2011 年，以免政府夺走他们身后留下的半数家产。

怀疑者也许会说，像乔治·史坦布瑞纳这种老谋深算的创业家，一定会想尽办法保护自己的财富。顶尖律师帮助他们巧妙地规划遗产，唐顿庄园中的情形不可能出现。怀疑者也许对，但不妥当。富人有能力聘请收费高昂的律师，以使自己毕生的劳动成果免遭国税抢夺。但怀疑者是否考虑过其中的经济浪费？律师为遗产避税对当今的经济确实有其贡献，但是别弄错了，他们所做的一切并非真正创造财富，最多算是捍卫富人财产的昂贵的协调角色。如果税法合理，不把死亡当作遗产税征收条件，那么，律师的协调角色就不会那么重要了。的确，是遗产税促进了这个行业的发展，律师存在的本来目的是防止财产被侵吞。

　　遗产税加深了人们的错觉，让人误以为，只有从富人的口袋里掏出来的钱才能够帮助别人。2010 年，两位最富裕的美国人沃伦·巴菲特和比尔·盖茨发起了"捐赠誓言"活动。这项听起来慷慨的活动，是号召世界上的富豪都捐献财产出来发展慈善事业，而不是留给子孙后代。沃伦·巴菲特和比尔·盖茨及其他信守捐赠誓言的人，他们的财富都是自己创造的，他们自然也有权按照自己的意愿去支配自己的财富。如果捐赠给慈善事业能让他们开心，那就无须质疑。但是我们应该记住霍华德·科什纳（Howard Kershner）在 1971 年的《分配财富》中所写的话："最高级的慈善之举，是让他人展示如何避免慈善。"授人以鱼不如授人以渔，现实中最好的礼物就是送给别人一份工作。而在自由经济体系中，这样的工作机会非常充裕。

　　20 世纪的历史，残酷地揭露了一项事实。政府若想拖垮国家，最好的方式就是一切由政府统筹规划，包括分配财富在内。美国人热心捐赠，出钱赞助世界各地的许多项目，他们之所以能慷慨助人，是因为他们的国家虽然有些现代化的缺陷，但是在经济上依然保持着足够的自由，能够创造出巨大财富。

　　比尔·盖茨致力于帮助世人值得我们称赞，不过他之所以有能力这样做，是因为他事业的成功。比尔·盖茨和其他成功的创业者一样，都是因为其他人推迟了自己的消费（而且没有捐给慈善机构），他才能获得创建微软所需的投资。

　　如果盖茨和巴菲特因为把大量财富捐出去而赢得了人们的尊重，那么，对于那些守护自己赚来的每一分钱的人，我们应该称他们为英雄。当富人储蓄自己的财富时，资金被借给那些需要为生活而买车、买房和支付学费的人，还有那些后来的"比尔·盖茨"，他们满怀创意却缺乏投资。如果有钱人能够把大部分财富保留在自己手中，留给他们的权利人，继承的财富越多，用来投资未来的创新的资本也就越充足。

　　艾萨克·牛顿有句名言："我之所以比别人看得更远，那是因为我站在巨人的肩膀上。"只有很少的人可以继承洛克菲勒、盖蒂、盖茨或希尔顿的遗产，然而社会上大多数人都将受惠于他们的商业成果——优秀的大学、医院和博物馆，治疗疾病的药物，还有更好的就业机会。他们都是巨人，未来的创业者会站在他们的肩膀上。

　　已故新闻记者沃伦·布鲁克斯在他 1982 年出版的著作《经济思索》中指出："现实中的忌妒，是最容易导致贫穷的思想态度。"忌妒只会浪费时间，当它成为公共政策时，将会扼杀经济的增长和就业的机会，受伤更深的是忌妒者，而非被忌妒者。

## 第7章

# 个人成功引起的贫富差距不完全是坏事

对财富不均的认知，刺激人们去冒险。

——鲁文·布伦纳《历史：人类的赌局》

《纽约时报》拥有新闻纪实报纸的美誉，但《今日美国》则标榜自己才是"国家报"。《纽约时报》在世界各地设有分支机构，拥有高知读者群。《今日美国》则瞄准普通大众，以可读性非常高的方式传播新闻。越来越多的美国人通过《今日美国》了解时事、商业及娱乐新闻，依赖程度超过其他任何报纸，并且它的体育版块是全美首屈一指的。

1982年，艾伦·纽哈斯创办了《今日美国》，正值美国经济衰退时期。对一般人而言，这不是一个好时机，但企业家能看到其他人看不到的商机，他们打破现有市场常规，向消费者提供他们自己意识不到的商品。简言之，是企业家改变了人们的生活。

《今日美国》的成功使纽哈斯成了大富翁，正如他在每周专栏中向读者透露的那样，他拥有的财富让他能够领养许多贫困家庭的孩子。

纽哈斯回忆道："我出生在南达科他州，是一个德俄混血的孩子，两岁时父亲就去世了。"虽然家中经济困难，但他很有激情，有做大事的激情。他拿自己与脱口秀主持人拉里·金相比。他写道："拉里和我都知道，要想做大事，就冒大风险。他把赌注押在深夜脱口秀节目上，1978年，他的脱口秀节目在全国播出，最终发展成为CNN'拉里·金现场'。1982年，我把未来押在《今日美国》上，后来它变成了'国家报'。"

个人的成功能激励更多的人为了致富而去冒必要的风险。拉里和纽哈斯的成功证明经济自由的规律：穷人在改善自己生活条件方面有着出色的成绩。

纽哈斯创办了普通民众都能看到的报纸，使信息传播更加大众化。而拉里的脱口秀节目则是将名人、富人和博学之人的生活带进美国大众。拉里最终在美国有线电视新闻网获得了巨大的成功，而这个节目的创始人泰德·特纳也是一个勇于冒险的创业者，如今身家数十亿美元，但当初他创办24小时新闻频道时，很多人取笑他。可是特纳的一番作为，促使更多人能够了解自己身边的世界。

J.K. 罗琳还是一位单亲妈妈，她和女儿一起在苏格兰爱丁堡艰难地过着穷苦的生活。《每日电讯报》有一次采访罗琳，她回忆了这段贫困潦倒的日子：

我不打算，也不希望一直靠救济金生活，那是最让人心冷的东西。我无意渲染，但在很多个夜晚，尽管杰西卡有东西吃，而我却没有。有人认为申请救济金的人会故意让自己看起来像一个傻瓜。

哦，我是大学毕业，我有一技之长，我知道从长远来看自己是有前途的。对于没有这种信念，最终陷入贫困的女性而言，我的情况一定截然不同——她们深感失望，丧失自尊。而我的这个时期只持续了 6 个月。我坚持写作，是写作拯救了我。只要杰西卡睡着，我就会拿起纸笔写作。

虽然罗琳的生活贫困，但她的精神世界非常丰富，她每天坚持写作，最终完成了《哈利·波特》系列。她把赌注押在自己的才华上，创造了有史以来最成功的儿童图书系列。

20 世纪 70 年代，多米尼克·邓恩面对债台高筑、家庭破碎、酗酒成瘾的窘境，羞愧之余他逃离了比弗利山庄，在俄勒冈州乡下租了一间既没有电视也没有电话的公寓。尽管邓恩的电影制片人生涯已经到了尽头，但他并没有放弃，他把赌注押在了写作上。他完成的第一部剧本饱受批评，出版的第一本书《赢家》销量惨淡。邓恩在日记中写道："我创作剧本的时候对自己有特别强烈的信心，那是我最快乐的时刻。"尽管邓恩财务状况十分窘迫，但他渴望成功，并为此坚持不懈。2009 年邓恩去世时，他已经是全世界最受欢迎的犯罪小说作家之一。

电影制片人伯尼·布里斯坦在他的自传《因缘际会》中回忆了

自己早年艰辛的遭遇。"在 35 岁时，我欠了债，觉得自己这辈子可能没办法出人头地了。"同行的成功和他自己的失败使他感觉负担沉重。再没有什么可失去的了，他急切地想要证明自己，于是他创办了一家艺人经纪管理公司。他的公司涉猎广泛，包括《周六夜现场》《大青蛙布偶秀》《捉鬼敢死队》，还有后来的《黑道家族》。竞争激烈的好莱坞（他这本书的副标题是："除非有人想杀死你，否则你在好莱坞就是无名之辈"）激发了他的创作能量。

迈克尔·布隆伯格于 1981 年被投资银行所罗门兄弟解雇，赔偿费有 1000 万美元。布隆伯格成了超级大富豪。他本来可以安享晚年，然而他充满斗志，渴望青史留名。布隆伯格开始打造自己的新闻机构，也就是现在的彭博社。后来，在华尔街及其他地方，他的新闻终端变得必不可少。他成为全球最富有的城市中最富裕的人，并在 2002 年至 2013 年担任纽约市长，他对慈善事业的奉献令这座城市受益。

财富分配不均随处可见，所以善于投机的政客们大声疾呼消除不平等。你很少听到的一面，是他人的成功能够刺激人们奋起，正如经济学家鲁文·布伦纳所说："一个人的忌妒心愈强烈，去赌一把的想法也愈强烈。"更积极的是成功的冒险会使某些人更富有，并为大多数人带来好处，缩小了"生活方式的差距"。

现代商业计算始于 1964 年 IBM 推出 360 系统，其中最基础的版本售价就超过 100 万美元，当时只有财力十分雄厚的人才买得起电脑。到了现在，即使预算最有限的消费者，也看不上当初那些价格高不可攀的电脑所具有的功能与速度。早期电脑令人望而却步的价格提醒我们注意企业家的附加值。成功者拥有大多数人所欠缺的远见，他们能发现需要解决的问题，于是设法寻求解决问题的方案。

1984年，迈克尔·戴尔创建公司时，苹果公司二代电脑正在市场上掀起波澜，但个人电脑依然很少见，它们是技术玩家的昂贵需求。戴尔发现，只要能解决零售展示店面成本昂贵的问题，就能把电脑以更便宜的价格卖给大众消费者。他想出了将曾经只有富人才可以享受的产品进行量产的办法，因此成了亿万富翁。现在大多数人都能使用这个曾经速度缓慢、体积巨大、价格昂贵、没有网络连接的机器。戴尔故事告诉我们，奢侈品只是一个特定时期的概念。那些有办法将少数人享用的奢侈品变成大众商品的创业家实现了致富。

即使到了20世纪70年代，一般人还是无法拥有电话。美国人必须向贝尔电话公司租用电话，用户哪怕只是拨电话给住得不远的朋友，电话公司也会向他索取这一"奢侈"行为的费用。在20世纪70年代手持电话基本不存在。但到了1983年，摩托罗拉推出DynaTAC 8000X，被称为"砖块手机"，在奥利弗·斯通1987年执导的电影《华尔街》后声名大噪。这款手机塞不进口袋，充满电也只能工作30分钟。而今天的手机必备的短信、电子邮件、影片功能全都不具备。一部和《华尔街》主角戈登·盖柯一样的手机得花掉3995美元，这里面还不包括每月服务费和长途通话费。早期的移动电话很少见，通常只有富人和名人才能用得起。所幸的是利润（或获利的可能）吸引了模仿者跟进，摩托罗拉掀起了手机革新。很快，其他科技公司和通信服务商也加入这个市场，为全世界渴望随时随地使用电话的人提供服务。

　　有些读者大概还记得，以前需要打电话回家，检查有没有人在自家语音答录机上留言，现在这个东西和投币式电话一样已经被淘汰了。当然，现在也没有人再坐在电话机旁边苦等客户、老朋友或男女朋友的电话了。年轻的读者大概不知道，这种匮乏的状态持续了很长一段时间。现在我们对只有通话功能的手机不屑一顾，我们期待在智能手机上收发电子邮件、上网看电影甚至实时观看最喜欢球队的比赛，现在的智能手机功能强大，而且价格实惠。

　　一款拥有 32G 闪存的苹果 iPhone 零售价仅有几百美元（如与无线服务供应商签订合约，价格更便宜），但在 1991 年，这种容量的手机价值 144 万美元。如果在比尔·克林顿当选总统前想拥有具备现在各种功能的智能手机，价格会超过 300 万美元。现在的手机价格很低，用户能够以很低的费用使用电话。资本所有者用财富把稀缺变成丰富，而财富不均就是这一事实带来的结果。

　　电影行业的情况也一样。行业中有一个惯例：想要获得奥斯卡奖的电影制片人，必须在纽约和洛杉矶展映他们的电影一个星期。像《超人》等大片能够在世界各地上映，但在 21 世纪初，偏远地方的人根本无法欣赏到好莱坞电影。像《查令十字街 84 号》这样的冷门影片只可能在"艺术电影院"上映。这类影院集中在繁华的大城市中。所幸有百视达这样的录像机和录像带出租店解决了传播问题。但住在偏远地方的人们仍无法感受到电影的神奇魅力，更不用说有多不方便了。

　　创业者时常以最出人意料的方式出现。找到让更多人享受电影艺术办法的人并非都是电影人，而是硅谷的一家科技公司。里德·哈斯廷斯和网飞公司（简称网飞），解决了音像店备货不足的问题，并取消了滞纳金。用DVD取代录像带，且能够通过邮寄的方式传递，于是远在蒙大拿州的网飞用户能较快观看到小众文艺电影。

DVD的邮寄虽然消除了地理障碍，但问题并没有彻底解决。哈斯廷斯知道，未来的技术革新将会替代网飞。他发现时间也是一大障碍，如果随时能观看电影肯定比看DVD更理想。后来网飞的订阅者可以在任何时候在网站上观看电影。哈斯廷斯成了富翁，我应该为此而讨厌他吗？还是应该感谢这个能够丰富我们生活的经济体制呢？

仔细看看每年的《福布斯》公布的全美全球400富豪榜，我们可以看出一种趋势。巨大财富的积累往往与改善人们生活的创业活动相关，比如抗癌药物的生产商黄馨祥是400富豪之一。这份榜单中也有超级富豪的继承人，例如拥有沃尔玛超市的沃尔顿家族。这些人的财富意味着每个人都有更多机会获得资金，而资金是创造财富的必备要素。

有人认为约翰·D. 洛克菲勒是美国创造财富最惊人的富豪，他的继承人在很长时间里占据着《福布斯》400富豪榜。《圣经》告诫人们："日出而作，日落而息。"在19世纪中叶，洛克菲勒开始以低价出售煤油给那些落日后就进入黑暗的家庭，从而积累巨大财富。后来他把自己的创业天分运用到汽油生意当中。请不要忘记，亨利·福特之所以能大规模制造汽车，是因为标准石油公司方便人们获取汽油。

有些人可能会勉强承认，贫富不均减小了生活方式的不平等。但他们不认同的是《福布斯》400富豪榜上除了企业家和他们的继承人外，还有那些没有创造任何物质，只是"搬钱"的亿万富翁？

这种质疑声音可以理解，但这是短视的。

2008 年，对冲基金经理约翰·保尔森成为亿万富翁，那时抵押贷款政策出现崩溃，但他购买了抵押证券保险。由于对房地产市场押对了赌注，保尔森的净资产飙升。有人说，他的财富是建立在因房地产崩溃而遭受重创的业主身上。

每一笔抵押贷款的背后都有一位储蓄者。人们能够贷款购置房产，是因为其他人为了储蓄而推迟了消费。从某种意义上说，在2008 年这场变化中，真正的"倒霉蛋"是储蓄者。贷款购买房产的购房者使用了谨慎者的储蓄。

这个世界的总资金是有限的。当一部分资金遭到严重破坏时，整体经济就会因此而受损。谁都能看到无人问津的房子，但没人能看到因为太多的资金流入房地产，使有希望成为下一个联邦快递的企业因缺乏投资而消失。

保尔森觉察到了市场的失衡，由于他的敏锐，挽回了巨额财富。然而不管他赚了多少，对于整体经济体下抵押贷款而言都是九牛一毛。他的成功拯救了大量资金，避免更多资金被浪费。2008 年的金融灾难有许多推手，不过，保尔森所赚的数十亿美元对投资人来说可视为有利的信号，促使他们寻找其他投资。投资者的成功绝不是靠盲目的买进卖出，反而他们需要衡量将资金投入什么方向才能获得更高的报酬。保尔森的投资行为对其他投资人解释了资金配置在什么地方有可能人间蒸发。资金没有投到对的地方，经济增长便会被削弱，或是像 21 世纪初那样，整个经济成长遭到摧毁。而像威尔逊那样的投资人，则敢于冒险，身先士卒，将应该把钱投资在哪里的信息提供给其他人。

成功的投资为市场提供信号，因此他们对经济的贡献很大，不过他们的重要性并不止于此。投资人永远在追寻利润，有些人靠的是在危机中力挽狂澜，米特·罗姆尼就是其中之一。他是私募基金贝恩资本的负责人，在投资中积累了财富。

2012 年的共和党总统大选辩论会上，罗姆尼指责他的对手纽特·金里奇从房利美收取顾问费。房利美在金融风暴中得到政府救助而备受非议。金里奇回道："如果罗姆尼肯把在贝恩资本时从公司破产和裁员中所赚取的收入返还，那么我就听他的指教。"金里奇关于私募股权公司的指控并非特例，但这样的描述却非常错误。

在私募股权这一行业中，最聪明、最厉害的从业者之所以能够胜出，靠的不是买进成功企业的股权几年后再出手将其卖出。虽然这种情况确实存在，毕竟低买高卖的古老投资方式依然适用。但其实，私募股权公司真正的利润来自买下快要破产的企业，然后设法让它起死回生。

投资者买进道琼斯指数公司的股份，能够获得可观的收益，要购买这些蓝筹股的指数基金也很容易。私募股权投资者的投资方式则完全不同，他们看不上安全的多样化投资，而将大资金投给即将破产的公司。这类投资的风险虽然高，但如果能让一家公司重生，回报也是巨大的。

效益不好的企业会裁员吗？这当然不可避免。这些公司之所以经营不善，可能就是因为管理阶层太过膨胀，且欠缺效率。大陆航空公司在并入联合航空公司之前，可以说是业内的一个笑话。该公司可悲的管理层竟规划出往返休斯敦洲际机场与休斯敦霍比机场短短 45 英里[1]的航线，这吸引了私募股权投资公司德州太平洋集团的大卫·波德曼和吉姆·科尔特。他们在 20 世纪 90 年代收购大陆航空，令自己的投资翻了 10 倍。这么大的利润并不是因为大陆航空体制健全，反而是因为这家航空公司看起来糟糕无比，就像给乘客吃的机上餐点一样难以下咽。

保尔森的投资使大量资金免遭浪费，巴菲特投资经营良好的企业以获取长期利润，私募股权公司高管令摇摇欲坠的公司起死回生，以此赚取高额利润——上述这些被称为把钱“移来挪去”的投资人都值得赞许。这些人所拥有的巨额财富，充分体现了他们如何善于利用资本，而资本正是滋养经济成长的血液。

我们身边有些人努力地在制造财富，但是也有许多人抱怨当今经济体系中的机会很有限。学者和经济学家拿出各种统计数据，想要证明中低收入阶层缺少改善途径。然而，数据可能掩盖现实移民是衡量一个国家机遇多少的指标。千千万万的人移居美国，就是有利的市场指标，预示着在这个国家实现改善的可能性。

另一项普遍的抱怨是 1% 人口的财富增长与另外的 99% 人口的财富增长的对比。经济学家最近捧出他们视若珍宝的研究结果指出，从 2009 年到 2012 年，顶尖的 1% 的人口收入增长了 31.4%，反观另外 99% 的人口收入仅增长了 1%。可是，这项统计数字再次误导了我们。卡托研究所的艾伦·雷诺兹发现低收入者的实际收入在 2007 年至 2009 年下降了 36.3%，而那 1% 人群 2012 年取得的收入比 2007 年少了许多。

---

[1]　约 72.44 米。

统计数据之争毫无意义。重要的是要明白投资者收入越高，表明企业正在向好，技术正在实现进步。在健康的经济中，贫富不均的现象缓和下来也有一种现象值得我们担心，那就是创业者的机遇减少，个人的生活水平停滞不前。

贫富不均使人们感到焦虑，这种心态实际上隐晦地支持了自由市场资本主义。为了弄明白这个悖论，让我们回顾一下 2014 年的 NBA 总冠军赛，圣安东尼奥马刺队击败了有勒布朗·詹姆斯、德维恩·韦德和克里斯·波什的迈阿密热火队，成为冠军。在 2013—2014 赛季，马刺队有 8 名球员平均每场上场时间超过 20 分钟，其中只有 2 人参加过冠军杯篮球比赛，更只有一人在选秀中名次位于前 15 顺位。

还有一个更好的例子。第 48 届 NFL 的总决赛中，西雅图海鹰队以 43：8 的成绩战胜了丹佛野马队。在这场比赛中，曾属于波特兰州立大学橄榄球队的球员有狄雄·薛德和朱丽斯·托马斯，与曾隶属蓝水级四强的阿拉巴马大学队、墨本大学队、路易斯安那州立大学队、俄亥俄州立大学队的球员人数相当。在这场冠军争夺赛中，4 支传统大学强队只有 2 名专业球员上场：阿拉巴马大学队的詹姆斯·卡朋特和路易斯安那州立大学队的特里顿·霍利迪。

NFL 是最强调个人能力的地方，联盟旗下的球队会竭尽全力去挖掘天分最高的球员，而且不论出身。这是一个价值数十亿美元的生意，提供了无数选择给趣味众多的球迷，陪伴他们度过周末假日。各联盟球队选拔球员时，如果不以赢球的能力作为基础，整个球队就会输球，不但赔钱，也会流失观众。

海鹰队首发四分卫罗素·威尔逊是这一年该球队赢得超级碗冠军的大功臣。按照 NFL 的标准，威尔逊 1.8 米的身高属于矮的，所以，在 2012 年联盟选秀时他只能排进第三轮。当时的海鹰队还签下了麦克·弗林，给了他无价自由球员合同。可见，球队的管理层刚开始是认定威尔逊还没有准备好登场。在能力决定一切的环境下，球队教练全都靠进球或输球来决断，2012 年的季前赛中，威尔逊赢得了首发资格。

政治人物结交人脉的风格，在 NFL 这种圈子行不通。赛季还没开始，威尔逊就已经证明了自己强劲的实力。尽管加入联盟时别人对他的期望并不高，但他还是拿下了首发四分卫的位置。2012 年，他带领海鹰队打进季后赛，并获得年度最佳新秀奖。一年后更上一层楼，夺得隆巴迪杯。

不久威尔逊获得新合约，成为海鹰队酬劳最高的球员，也是整个联盟中酬劳最高的。威尔逊的队友并不忌妒他的收入，因为他们都知道，无论其他队员再如何努力，少了这位优秀的四分卫，球队不太可能赢得冠军。四分卫好比企业的 CEO，他们总能得到高薪。因此，在能力至上体系中，贫富不均不是主要问题，贡献最多的人收获也多，而且很少有人因此忌妒他们。

第 48 届超级碗比赛还提醒我们另一件事，那就是财富与成功一直都在变化。那些讨论 1% 的人口收入和"财富集中"的说法，忽略了资本的本质，即每一年球队的情况往往和上一年不一样。职业运动领域中，顶级选手时刻在流动，而经济体系中的其他部门也是如此。2013 年的《福布斯》400 富豪榜，大多数人并不曾出现在1982 年出版的第一届排行榜上。脸书的 CEO 马克·扎克伯格那时还没有出生。

在第 48 届超级碗中带队夺得冠军的教练皮特·卡罗尔，早在 2000 年曾退出橄榄球行业。1999 年，他被新英格兰爱国者队开除了总教练职位。5 年之前他还担任过纽约喷气机队总教练，没想到一个赛季之后便遭到撤换。如此说来，如果有人曾经预测 13 年后卡罗尔将成为超级碗冠军队的教练，恐怕早被人嘲笑得无法自容了。

但卡罗尔的故事说明，在以能力为基础的前提下，没有什么是恒久不变的，过去的经历也不能用来预测未来。2001 年，南加州大学聘请卡罗尔担任总教练，他上任后的第二个赛季，就带领该校的特洛伊人队获得大学生联赛第 4 名的好成绩，2003 年和 2004 年获得全国冠军。从此之后，原本默默无闻的卡罗尔再次扬眉吐气。2009 年，他受邀前往西雅图担任总教练，并在 4 年后，带领海鹰队赢得了超级碗冠军。

在资本主义社会中，财富分配几乎无关紧要。上层 1% 的人口构成不断变化，他们创造巨大财富，改善着大多数人的生活，而且这 1% 的人群随时在变化。

每个球迷都能理解主力球员因为伤病不得不退场的痛苦，那是因为整个赛季球队的实力都会大打折扣。如果有外科医生能找到迅速让他们恢复的办法，让受伤的球员在一周之内重返赛场，那会是什么景象？其实这个想法并没有想象中那么不切实际。在美国内战中，腹部和胸部中弹的人只能等死，髋骨骨折等于被宣判死刑，股骨断裂的死亡率也高达 1/3。如果得了癌症呢？只能认命了。资本拥有太多化腐朽为神奇的事例，随着医学的进步，医生或许能够完全治愈断裂的韧带，恐怕不是什么痴人说梦。假如有医生发明这样的技术，并因此名利双收，这对社会有什么坏处呢？

资本为有创意的人提供条件，促使他们去实现自己的理想，将原本的奢侈品变成每个人都用得起的普通商品；资本可以滋养弱小的企业，使其恢复强健的体魄；奖赏那些勤奋工作的人、讲信用的人，无论他们的出身。这些都散发出一个信息：对于一些糟糕的问题，都可以通过时间和资本解决。

# 第8章

## 储蓄者是经济宝贵的助力

资本因节俭而增加，因挥霍妄为而减少。

——亚当·斯密《国富论》

在20世纪70年代早期彼得·博格达诺维奇因他执导的电影而闻名，在关于那一时期最受尊敬的"电影导演"的讨论中，一定会提到他的名字。与他齐名的还有弗朗西斯·福特·科波拉、威廉·弗莱德金和乔治·卢卡斯。博格达诺维奇执导的电影包括《最后一场电影》《纸月亮》和《黛丝·米勒》。博格达诺维奇的征服不只是电影界。他与传奇人物奥森·威尔斯有着亲密的友谊，与出演《最后一场电影》的美女影星斯碧尔·谢波德有过公开的罗曼史，还与《花花公子》女郎多萝西·斯特拉滕有过一段恋情。博格达诺维奇称得上"应有尽有"。

然而在1985年，博格达诺维奇的银行账户上只剩21.37美元，他不得不申请破产。导致他破产的主要原因是他购买了《哄堂大笑》的版权。这是他和斯特拉滕婚外情开始时执导的电影。他在 2014 年《华尔街日报》上解释道："我花了 500 万美元从制片公司买回了这部电影，然后自己发行。现在回想起来，这一举动太疯狂了。靠自己发行一部电影几乎是不可能的，最后我输掉了所有。"

但是，投资《哄堂大笑》的失败并不是导致他破产的唯一原因。挥霍也是一个主要原因。报告显示，当时他每月的开支为 20 万美元，而月收入只有 7.5 万美元。每月支出包括 1.6 万美元的律师费、超过 1.5 万美元的代理费和管理费、2000 美元的交通费和 1000 美元的洗衣费。博格达诺维奇花费无度，最后面临破产境地。

德州大学是橄榄球强队，拥有众多像鲍比·莱恩、厄尔·坎贝尔和瑞奇·威廉姆斯这样的杰出球员。但最出名的是文森·杨格。在 21 世纪初，这位强健的四分卫独自撑起了一支散漫的球队。杨格带领他的球队在 2005 年的玫瑰碗比赛中以 38∶37 击败了密歇根大学狼獾队。在同一年的玫瑰碗比赛中，杨格摧毁了南加州大学橄榄球队的防守阵线，以 41∶38 的比分夺冠。这是德州大学自 1970 年以来首次夺冠，也是碗赛百年史上最精彩的个人表演。

杨格在那场比赛中脱颖而出，成为橄榄球队中最好的四分卫。后参加职业选秀杨格成为第 3 顺位球员。四分卫需要几年时间来适应 NFL 环境。与大多数四分卫不同，在与 NFL 的更强劲的防守对抗中，杨格在他加入田纳西泰坦队的第一个赛季就成了明星球员，赢得了 2006 年度新秀奖。然后他的星途开始变暗，在第二赛季表现不佳，仅 9 次传球达阵和 17 次拦截得分。最终，泰坦队在 2010

年季前赛将他淘汰出局。杨格加入费城老鹰队待了一个球季，然后加盟水牛城比尔队，球队在赛季开始前就把他裁掉了。2013 年，他与绿湾包装工队签订了合同，但球队也在季前赛期间与他解约。2014 年，他的运气变得更加悲惨。在与泰坦队签订那份价值 2600 万美元的合同后短短 7 年时间，杨格申请了破产（尽管该申请后来被撤销）。在 2011 年 NFL 停摆期间，他每月花费 20 万美元，借了 180 万美元的贷款。他的开支中包括 30 万美元的生日聚会。他还要抚养 4 个由不同的女人生的孩子。

博格达诺维奇和杨格的悲惨故事证明了一个观点的荒谬，即大多数经济学家和金融媒体记者所认为的消费是促进经济增长的原因。珍妮特·耶伦成为美联储主席之前，在接受《时代》杂志采访时为美联储的量化宽松计划辩护："我们的政策旨在降低长期利率，以鼓励消费，从而实现经济复苏。"几天后，《华尔街日报》说："美国经济增长促使消费者支出的增长，但美国人的收入减少，消费可能提前结束。"

耶伦和其他相信通过消费促进繁荣的人有一点是正确的，那就是个人努力生产是为了消费，但他们忽略了生产的重要性。显而易见，先有生产后消费。如果你怀疑我，那先问问你自己是如何消费的。你可以消费，因为你有一份收入可以让你消费，或者因为你可以从其他生产者那里借钱，从而将他们的消费能力转移给你。不管你在报纸上读到什么或在 CNBC 上听到什么，人们都在用产品交换产品。为了消费，他们必须先生产。

大多数经济学家和金融记者可能会认为彼得·博格达诺维奇和文森·杨格的炫耀性消费有利于经济的发展。这些人挥霍了数百万美元，每个人都是一台"消费"机器。问题在于美国经济是个人的集合，而那些花掉全部工资或为消费举债的个人是自我毁灭。如果一个人挥霍无度或为此承担债务，他最好有一个稳定的收入来源以备未来所需。如果他没有，那么他，就像博格达诺维奇和杨格一样将走向破产。

入不敷出的人最终会穷困潦倒。挥金如土的人可能会变成乞丐，依赖陌生人的善意施舍。挥霍无度的人迟早要向经济学家视为坏人的储蓄者求助。耶伦等人没有意识到的，是除非很多人积极储蓄，否则你无法提高消费和借债。除非不考虑印刷货币（后面一章将详细介绍）。没有储蓄就没有信贷，这两者是同时共存的。

在第6章中，我解释了为什么储蓄是财富重新分配的最好办法。一位亿万富翁吝啬地累积财富，这代表着数千个需要资金的创业者可以借到贷款。当任何一个富人、中产阶级或穷人把收入存起来而不是花掉时，就扩大了信贷，人们可以用它来改造厨房、买车，或者创办、扩大企业等。企业家要想将自己的理想变为现实，就必须拥有自己的储蓄或获得他人的储蓄。

让我们用一个简单的例子来解释最基本的经济原理。当你付给达美乐的送货员20美元时，你并不是在用钱换比萨饼。而是用你作为建筑工人、销售人员或投资银行家的一部分收入换取达美乐提供的产品。我们用产品换取产品，货币只是用来完成交易的媒介。我们的生产就是我们的需求，或者更好的说法是要想在市场上得到需求的任何东西，我们就必须先供给一些东西，而投资可以实现供给。

如果我们看过下面这个故事，投资的关键作用就显而易见。假设一个电脑推销员，他一年挣 7.5 万美元，税后可支配收入为 4.5 万美元。经济学家会说，如果这位推销员把那 4.5 万美元全部花在房租、吃饭、穿衣、度假和其他消费项目上，他就是在刺激经济。依据传统思想，消费使得金钱加速流通，促进经济增长。

但这位推销员知道，自己没有存款是可怕的。丢掉工作的事随时都可能发生。所以最好存些钱。他还意识到自己一天的大部分时间都浪费在开车四处寻找潜在客户上，因此，他购买了 GPS 导航系统，这让他的销售额增加了 20%，增加了 5 万美元的收入。

这位推销员又发现，他一天中有太多的时间花在文书工作上，更不用说给潜在客户打电话浪费的时间了。如果每年支付助手 3.5 万美元，虽然短期内成本高，但这将使他获得更多的自由时间，以完成重大交易所需的面对面会谈。投资随着时间的推移，这 3.5 万美元投资换来了 20 万美元的额外收入。

随着他对更多业务和客户群具体需求的了解，这位推销员意识到，如果有了 20 万美元的贷款，他就可以在海外开始自己的业务，销售按照自己规格生产的电脑。最初的支出将是巨大的，但由于大部分现有客户群都与他业务关系很牢固，而且他重视服务，因此在承担债务或动用存款短期内可能会带来 7 位数的收入。

这个有创业精神的电脑推销员的故事虽然被简化了，但是它足以说明储蓄的魔力。消费依赖于生产，将利润再拿来投资通常会扩大生产。正如经济学家穆勒所说，利润是"节约的回酬"。

想象一下，如果亨利·福特是一个无节制消费的人，把他从福特汽车公司获取的利润浪费在美酒、女人和娱乐上，会是什么结果？

20世纪初，超过2000家美国汽车公司的老板可能就是这样做的。也许是福特的天赋，无论做什么都能成功。然而他之所以能成为历史上知名的企业家，是因为他将公司利润重新投资于完善制造系统。为投资推迟消费，使得福特大规模生产汽车时，效率很高，而美国人购买汽车的速度也随着上升。如果现在的经济学家能近距离观察福特，一定会为他的吝啬而震惊。

由于公司的成功，福特变得非常富有，他可以过上守财奴一般的退休生活，这对经济的发展而言也是好事。只要他不是把利润压在床垫子下面，否则这些"囤积"下来的钱就会转移到其他人手上，包括寻求创业资金的企业家在内。

野心勃勃的苹果创始人史蒂夫·乔布斯本可提前退休，以他的财力，他也可想开几场就开几场30万美元的生日派对，而且这样做还能赢得经济学家的掌声。如果他去享受人生，那么我们"看不见的"，就是他永远创造不出后来的财富和就业机会。

投资是让财富倍增的唯一因素。亚当·斯密曾写过："只有增加投资，经营者才可以为工人提供更好的机器设备，或者将员工的工作安排得更加合理。"增加投资，扩大生产，长期坚持，财富就会积累起来。在消费收入的过程中，杨格和博格达诺维奇痛失了自己的财富，经济体系中也丧失了可发展的资本。

美国人实际上是伟大的储蓄者。尽管经常有报道称美国人爱消费，不存钱。但我们常常误解大多数人购买住房的本质。对我们绝大多数人来说，这是最大的一笔支出。人们认为购买住房是一种"投资"。其实，买房不会让你的资金更有效率，它不会创造出软件或促进医疗创新，无法治愈癌症或开拓国外市场，也不会让企业更有效率。购买住房只是在消耗资金。

回顾 21 世纪初房地产市场的繁荣景象，再对比当时股票市场的惨淡，这二者同时出现也就不奇怪了。20 世纪 80 年代和 90 年代，微软、IBM 和思科（仅举三例）的 IPO 募股盛况空前。谷歌上市是唯一一个在 21 世纪初引起轰动的大事件，随着房地产市场的崛起，需要投资的企业家便会因资本赤字而感到挫败。简言之，资本消耗量的增加付出的代价是推动经济成长的资本减少了。

珍妮特·耶伦在接受《时代》杂志采访时似乎并不在意房地产市场消耗了太多的资金。美联储将资金配置到国债和抵押贷款债券上以压低利率，耶伦急于为美联储正名，解释说："（经济刺激）部分来自较高的房价和股票价格，这样做会让持有股票和房产的人支出增加，从而促使整个经济体创造就业机会，令人们的收入也跟着提高。"

在这一点上，耶伦忘记了亚当·斯密和约翰·斯图尔特·穆勒的教诲。20 世纪 80 年代和 90 年代美联储没有压低利率，股市和就业状况也都比较好。任何刺激购房的金融政策都会阻碍经济增长，因为刺激住房或其他消费会减少对生产的投资。只有产量增加了工资才会提升。亨利·福特给他的员工支付行业内最高工资，是因为他把利润不断再投资，改善设备，提高了劳动生产率。

随着经济学家、政治家和广告商将消费视为提振经济的义务，在这种环境下，人们忘记了节俭和节制曾经被认为是美国人美德的基石。"买进任何你不需要的东西，不久后你就得卖掉你必需的东西了。"本杰明·富兰克林在《穷理查年鉴》中警告道。在《分配财富》中，霍华德·科什纳要求我们回归理性："每一个承担责任、拒绝超前消费而积累资本的人，才是真正的英雄和爱国者，他们造福了他们的同胞。"

## 第 9 章

## 创造新职业就要不断地摧毁旧职业

文明的进步会减少就业机会，而不是增加。

——亨利·赫兹利特《一课经济学》

在过去的几十年里，拉斯维加斯是为数不多的经济持续增长的城市之一。2008 年房地产市场经过调整后，在一定程度上减缓了其经济增长速度，不过这座城市的人口数量仍持续上升，仅在 20 世纪 50 年代，人口就增加了 3 倍。到了 21 世纪，每个星期都有 1500 人搬迁到这个以度假和赌博而闻名的城市。自 20 世纪中叶以来，拉斯维加斯所在的克拉克县的人口增加了 20 多倍，成长速度令其他县难以望其项背。

新迁入的人中有一些是退休人员，渴望前来享受赌城丰富的娱乐生活，以及此地个人所得税免征政策。但数十年来人力资本流入拉斯维加斯的主要驱动力一直是赌场度假村（如沙漠酒店、撒哈拉酒店和金沙酒店）提供的高薪工作机会。与 19 世纪亚历克西斯·德·托克维尔的观点一致，美国人"在富足生活中不断求变"，他们在 20 世纪前往有着充足的工作岗位的拉斯维加斯。

然而，我上面提到的象征着这座城市辉煌的三家传奇酒店已经不存在了。沙漠酒店的旧址上新建起永利酒店和安可酒店。曾经撒哈拉酒店闪耀的地方现在早已变成了 SLS 拉斯维加斯酒店。金沙酒店已经消失了，取而代之的是威尼斯人酒店和帕拉佐酒店。这些曾经辉煌的赌场度假村的前世今生，可以为创造就业机会上一课。

拉斯维加斯没有不可推倒重来的东西。一旦某家酒店失去了盈利能力，当地人不会跑去政府寻求援助。他们会用推土机铲平这家酒店。酒店没有了，许多工作机会消失，这就是"看得见的"部分；接下来是"看不见的"部分，用一个新的、更好的想法来取代失败的事物。正是这种不断地求变，使拉斯维加斯成为一台创造就业机会的温床。新的利润更高的赌场酒店吸引了更多的投资，创造了更多的就业机会使拉斯维加斯维持良性循环。

底特律的情况与拉斯维加斯相反，从 2000 年到 2010 年，那里的人口减少 25%。还记得 20 世纪初的 2000 家汽车制造商吗？假如当年政府对它们进行了救助，那么纳税人的负担会有多大？而支持那些失败的企业会对通用汽车、福特和克莱斯勒等幸存公司造成什么影响？成为三大巨头的汽车公司将被迫与从公民手中提取资本的公司竞争。

谁能想到，通用汽车和克莱斯勒竟然靠纳税人的补贴活到现在。为了保住底特律的就业机会，政府支持着像沙漠中的旅馆一样的汽车城。2008 年和 2009 年美国政府对通用汽车和克莱斯勒的救助，"看得见的"是保留的数千个工作岗位。"看不见的"是如果当初没有政府的虚假同情，底特律的今天也许会更加充满活力。丰田、本田和大众等成功的汽车制造商本可以收购通用和克莱斯勒的宝贵资产，并对其进行更好的管理。一些渴望移民到拉斯维加斯、硅谷和奥斯汀的人本可以选择去底特律。这座汽车城的失业率居高不下，这是一个悲剧性的证据：扼杀新工作机会的做法，就是过度扶持旧企业。

寻求工作的人追随着经济的脚步，而经济增长只发生在不受过去束缚的城镇。拉斯维加斯经历了几年艰难的挣扎，但它能经受住这些困难，因为拉斯维加斯的企业家们会不断用新企业取代死去或垂死的企业。游客们重回这个娱乐之都，因为那里总是有新奇的东西可看。反观现在游客来到底特律的唯一原因，出于一种偷窥本能，就如人们停下来看车祸现场的原因一样。

经营良好的企业一般不会把资金花光，如果短期内资金不足，这样的企业总能找到愿意支持其管理者的私人投资者。通用汽车和克莱斯勒是因为损失惨重，管理层失去了投资者的信任。假如当时他们破产了，可能会带来新的所有者，就可以筹集资金使公司正常运营，并扩大生产，提高就业。

这种破产重组的经典例子来自硅谷。史蒂夫·乔布斯曾回忆1997年9月他回到苹果公司时的情景："当时我们距离破产还有不到90天的时间。"但在乔布斯的管理下，随着微软1.5亿美元的资金注入，苹果公司破产的威胁消失了。

起死回生要承受痛苦的第一步：乔布斯裁掉了3000名苹果公司员工，很多人失业，很多家庭没有了经济来源。但毫无疑问，解雇不创造利润的劳动力是必要的。在面临破产一年后，苹果公司重新崛起。乔布斯于1998年在旧金山Macworld大会上发表演讲时，提醒大家"以利润为首要"。他们做到了，苹果公司当年3.09亿美元的利润，使其能够吸引新的投资，再度开始招聘员工。

风险投资公司凯鹏华盈的老板约翰·杜尔观察到了苹果公司的变化，他成立了一个有2亿美元支持的iFund基金，为苹果公司的新"应用程序"提供资金。截至2011年6月，苹果公司支付了25亿美元给苹果应用商店的产品开发商。

乔布斯摧毁了没有生产效益的工作，带来了更多的工作机会。回想一下恩里科·莫雷蒂的发现，苹果公司在库珀蒂诺地区创造了6万个工作岗位，其中许多是在技术领域之外。

密歇根州的安阿伯市曾经是博德斯集团的总部所在地，2011年，该集团关闭了399家书铺，解雇了10700名员工。被裁掉的员工数量不是小数字，但正如亨利·赫兹利特所指出的，经济进步往往是摧毁工作之后的效果。如果创造就业机会是经济的目标，我们可以用简单粗暴的方式来实现。比如禁止使用计算机、自动取款机和拖拉机，明天将有数百万个工作岗位出现。企业将不得不雇用大批打字员和办事员，银行也不得不增加柜员，每废弃一台拖拉机都需要补充几十名手持铁锹的人代替工作。当然，如此一来，我们中的大多数人将注定要过苦日子。每个人都会有一份工作，但它会令人精神崩溃。更糟糕的是禁用计算机这样的"工作杀手"，利润也会随之消失。投资资本会流向其他国家，我们每个人都会为低收入而工作。

博德斯集团的破产原因有很多，包括管理团队的失误，不过互联网的崛起发挥了最重要的作用。亚马逊公司是致使博德斯集团倒闭的"罪魁祸首",但后来亚马逊雇用着 3.3 万名员工。当然,亚马逊对博德斯集团的影响只是互联网发展进程的一小部分。

很长一段时间内,美国航空公司在芝加哥的德雷克酒店以及全国各地设置了小型的临街售票厅。可是当人们能够通过网上购票后,这些售票厅及相关工作就变得过时了。

互联网摧毁的工作很难量化,他摧毁的就业机会可能比历史上任何一次创新都要多,但总体来说却回报了大量新的工作机会。莫雷蒂估计:"互联网行业的就业岗位数量在过去 10 年(2002—2012)中增长了 634%,与同期其他经济领域就业岗位总数增长率相比,竟然高出 200 多倍。"

为什么互联网创造的工作岗位超过了它所扼杀的数量?一个明显的答案是并不是每个人都具备在硅谷工作的技术。这很公平,但回到莫雷蒂早些时候的观点,也就是技术让所有技能水平的工作岗位都成倍增加,且不仅限于科技领域。硅谷、西雅图、波士顿和奥斯汀的高薪科技人员也需要律师、医生、屋顶维修工和瑜伽教师等各行各业人员的服务。

那么,科技扼杀的那些高薪的制造业工作又当何论?这些工作曾是美国中产阶级的基础,即便如此,长期来看,科技为此行业带来的好处也无可否认。

今天的我们很难想象,在 20 世纪 70 年代,《经济学人》曾形容西雅图为"绝望之城"。在 1967 年至 1971 年的"波音破产"案中,该市最大的企业波音公司裁掉了 6 万多名员工。机场入口附近的广告牌上写着:"请最后一个离开西雅图的人把灯熄了。"

西雅图是幸运的，出了比尔·盖茨和保罗·艾伦这样的杰出者。尽管他们最初在新墨西哥州的阿尔伯克基组建了微软，但回家的愿望最终赢得了胜利。这些由微软产品催生的电脑办公热潮，让众多文职人员被淘汰。虽然波音在西雅图的制造业工人比微软的雇员多，但是这家航空巨头创造的本地就业机会却比微软少。简言之，技术进步肯定摧毁了不少制造业岗位，但总体看来，增加的就业机会多于从前。

虽然不是每个人都有机会去微软工作（平均年薪 17 万美元），但一个拥有着高薪科技人才的城市必然会吸引许多其他行业的无论技术含量高低的工人。而且，繁荣的微软公司使西雅图成为亚马逊等其他科技公司入驻的理想地点。

想当年，西雅图和底特律一样濒临崩溃的边缘，但现在西雅图经济繁荣，各行各业都雇用了大量的人，原因是由于那些繁重的装配线作业都搬离西雅图，迁移到了海外其他国家。如今，由所谓的"新经济体"创造的就业机会提升了美国人的劳动价值。

讽刺的是一个世纪前底特律崛起时，导致了在美国和世界各地大量工作机会的消失。马车很快就过时了。这就是"看得见的"，也正和今天的政治家和评论员关注的那种"看得见的"事物一样，即创新造成的就业岗位流失。"看不见的"是汽车工业创造的就业机会。更广泛地说，货车的问世，让企业可以扩大其市场规模，因为货车能够将货物运送到更加偏远的地区。

虽然具体的数字很难量化，但在 20 世纪初，汽车大规模生产摧毁了许多工作岗位。不过，这种破坏非但没有迫使美国人陷入贫困，反而为更好地工作扫清了障碍，为更优质的企业创造了空间，就像今天的互联网提供新的工作机会取代它所淘汰的旧工作一样，新的工作机会发展前途更光明。

持相反意见的人认为，像底特律这样死气沉沉的城市，证明摧毁就业机会的危害。然而这些城市带来的真正教训，是不该为了挽留而挽留某些特定类型的工作，并为其美化，那么这样的做法十分危险，正确的做法应该是为追求长远利益，宁可舍弃短期就业。史蒂夫·乔布斯靠"以利润为首要"原则吸引重要投资。底特律并不是因为运气不佳或无情的"强盗资本家"（毕竟，底特律在很大程度上是由一个名叫亨利·福特的资本家造成的）而遭厄运的。创造就业机会的人放弃了这个曾经繁荣的城市，因为它选择留在过去。今天底特律是缺少工作机会的，是因为那些富有同情心的政客试图维持现状——而这一定是通往死亡之路。

赫兹利特提到了一个容易被人遗忘的道理：只有在贫穷的国家，每个人才必须工作。而富裕的国家不断地消除工作机会。在1946 年出版的《一课经济学》中，赫兹利特指出，技术进步促进财富增长，使得美国得以废除童工和高龄劳动者。由于摧毁旧工作机会，和高薪工作带来的财富，创造出了新工作机会，孩子们不必在工厂或田地里工作，老年人也不必被迫工作到死。相反，在一些贫困国家，工作对每个人来说都是必需的。科技和自由贸易使越来越多的美国人得以选择自己喜欢的工作。为了生存而不得不工作是贫穷国家的常态。正是对旧工作的破坏让孩子们活得像个孩子，让老人们能够退休和他们的孙辈一起幸福生活。

通过摧毁旧工作来创造新就业，这虽然是一种进步，但并不会减轻失业的痛苦。我经历过被解雇的可怕经历。但是，被解雇并不是绝望的原因。失去工作后往往会带来其他机会。费城老鹰队老板巴迪·赖恩于1987年从俄亥俄州立大学队选中了克里斯·卡特。卡特很有天赋，但在1990年，赖恩与他解除了合约，并说了一句俏皮话"他只会接球达阵而已"。

13年后，在NFL名人堂入会仪式上，卡特含泪感谢赖恩裁掉了他。他将那次解雇描述为"发生在我身上的最好的事情"。卡特曾经有滥用药物的问题，失去老鹰队的工作，给他当头一棒。赖恩如父爱一样严厉的要求与爱护，这位不成熟的边锋才浪子回头，在他16年的NFL职业生涯中，完成了1.3万多个接发球和130次达阵。

史蒂夫·乔布斯在1984年被苹果公司解雇，这是出了名的事件。痛失自己创办的公司，乔布斯不得不自我反省。1997年，他重回苹果公司，才掌握了更多企业经营方法。在第7章中，我分享了皮特·卡罗尔的故事，他将自己两次被NFL解雇的经历转化为教训，最终缔造了橄榄球事业的辉煌纪录。你可能会因为各种各样的原因失去一份工作，但如果你忽视原因，这种经历会让你永远走不出来。没有人喜欢失业，但失败未必是永久性的，一定会有新机会。

我们对失业问题养成了习惯性的思考，总认为失业有点像天气：是因为与个人无关的因素而导致的不可避免的结果，你只能忍受它。这是自然法规的一部分。然而，对于任何一个想工作的人来说，失业都不是自然现象的。这是政府特定政策的结果。为了理解这个道理，请你看看当地报纸上的广告。举个例子，2014年2月

14 日出版的《华盛顿邮报》刊登了一则塞浦路斯空气设备公司的广告，二折销售"安全、清洁的燃气壁炉"。布鲁明戴尔百货公司推出了第二件商品半价的优惠。安纳波利斯照明公司商店里的每样东西都有 40% 的折扣。

这些广告给我们的教训是显而易见的，当零售商有库存时他们仍在努力销售商品，他们把价格降到能吸引买家的水平。市场上每一件商品都有一个价格，"清仓销售"是企业清理未售出库存的方式。劳动力也是如此，他们按市场需求给自己定价，而失业反映了劳动者无法取得那个价格。

再说说美国橄榄球联盟。2012 年 8 月，华盛顿红皮队解雇了球队的边锋克里斯·库利，尽管他在球队的 8 年里创造了 423 次接球的纪录。库利享受的是明星般的薪水，但弗雷德·戴维斯已经取代他成为首发。尽管他在戴维斯受伤后重新加入红皮队，但最终 2013 年他宣布退役。尽管库利想继续在 NFL 踢球的话，他本可以继续做美国橄榄球联盟球队候补。但他没有选择这样做。现实中的社会就业也不例外。当政府介入以减轻失业的冲击时，问题就出现了。

本杰明·安德森在他 1949 年的著作《经济学与公共福利》中机智地指出："任何国家如果愿意并承担得起代价的话，都可能出现严重的失业问题。"他的观点是劳动力是有价格的，就像煤气壁炉和灯一样。正如布鲁明戴尔百货公司不将价格降低到能够吸引买家的水平，就没办法处理积压库存；同理如果"慷慨"的政府转移支付，阻止劳动者根据市场需求调整工资的要求，那他们就摆脱不了失业。

现如今政府的失业救济金已经延长到 99 周。员工是企业必须承担的成本：如果他们觉得增加新员工可以增加利润，他们就会雇用新人。但失业者从政府那里得到的每一美元，都变成了企业为吸引工人重返工作场所而必须额外支付的钱。

政府为了缓解经济增长乏力问题，会调整失业救济金的支付。但这些救助加剧了他们所说的经济弊病。失业救济金使得企业雇用工人的成本更高，因为工人会将新工作的报酬与停止补助而失去的"收入"进行比较。有些人会选择相对闲暇的失业生活，而不是报酬并不高的工作。对其他人来说，失业补助将使他们能够坚持寻找更理想的工作。当政府把劳动力的价格抬高时，企业就更难盈利，随之而来的是经济因产量降低，工人们被迫过着依赖救济的屈辱生活。在振兴经济方面，最大的敌人是救济。

近年来，除了简单的失业救济之外，政府仍以各种方式加重企业的雇用成本。2010 年，时任美国总统奥巴马签署了《平价医疗法案》，规定雇员超过 50 人的企业必须提供医疗保险。从表面上看，奥巴马医改计划是政府同情的产物，但它却给苦苦挣扎的企业带来了巨大的成本。奥巴马医改计划使得雇用工人的成本更高，从而增加了美国失业率。

有太多的政客、评论家和选民不明白，当政府政策提高用人成本时，工作机会为何会变得稀缺。当然，就业的最大障碍是通过补贴垂死或倒闭的企业来"挽救"就业机会。那些削弱经济的立法，都源自感情用事。

在自由经济中，企业家渴望追求有利可图的机会，资本也会向他们倾斜。汽车、电脑和网络零售服务等创新企业摧毁了一些就业机会，但这一过程会创造出更好、收入更高的就业机会。我们从中得到的教训是让市场力量自己发挥作用。没错，想要创造大量的就业机会，我们必须允许自由市场削减现有的一些就业机会。

# 第10章

## 推倒美国税法

> 然而，历史一再表明，惩罚那些创造就业机会和资本的企业家和企业，一定会导致经济灾难。而降低税负的方法不是一次性减税，而是大幅降低税率，这是刺激经济的最好利器。
>
> ——史蒂夫·福布斯、伊丽莎白·埃姆斯
>
> 《资本主义如何拯救我们》

2012 年 5 月，在脸书上市前不久，该社交网站的巴西裔的联合创始人爱德华多·萨维林宣布放弃其美国国籍，加入新加坡国籍。许多人认为他是为了规避巨额资本利得税，因为新加坡免征资本利得税。

萨维林的这一做法受到多方谴责。参议员查尔斯·舒默对这位年轻的亿万富翁的"卑鄙"做法愤怒不已，为此，他提出了一项立

法议案，要求对放弃国籍人士的投资征收 30% 的税金法案，另外还提出将萨维林永远驱逐出美国。后来舒默的议案没有通过。萨维林放弃美国公民身份究竟能保护他在脸书上的多少利益？这一点非常值得怀疑，但肯定有一定的好处，否则他可能不愿意成为一个"叛徒"。而从纯粹的经济角度来看，他的税款减少反而有利于美国经济。

正如我在第 6 章中解释的，当富人守住了他们的财富，其他人都有机会受益。萨维林可以将他的财产委托给摩根大通、高盛或其他金融机构。他们通过为富人代理财富投资来赚取佣金，因此，萨维林来自脸书首次公开募股（IPO）的利润，可能会很快到达一家急需资本的现有企业或创业企业。

但如果萨维林将他的财富兑换成新加坡元，会是怎样的结果？这种兑换需要有人或机构对他的美元有需求，才会发生交易。在这种情况下，萨维林所有美元的买方必须把这些钱用掉，或存入银行里。从本质上讲，这与新加坡最新的大亨自己将这些美元存入银行或进行投资是一样的。

萨维林也可以留在美国，只是必须支付大笔税金给美国联邦政府。但这样一来，私营企业就减少了获得增长所需资本的机会。在微观层面上，一般需要信贷的人就没有那么多钱可供利用了。

有些人可能会认为联邦政府可以用这些资金投资。遗憾的是政府的职能令其不能像企业那样。在民间部门，如果投资者对其投资的企业管理失去信心，这个企业将面临崩溃。政府则没有这方面的制约。纳税人的钱流入财政部，这使得政府部门可以不顾投资结果而继续支出。市场的判断是失效的。

更大的问题是人才错配。前参议员特伦特·洛特曾指出："华盛顿是金融中心，是金钱让人们留在这里。"尽管参议员、国会议员和高级官员在离开政府后，也可以在华盛顿的私营部门中聚敛财富，出了华盛顿才能真正赚到钱。懂得如何投资的人，都不是在政府工作的人。在受市场约束的私营部门，投资成功是很难实现的。此外，最优秀的资金配置者通过把资金投入利用效率最高的地方来赚取财富。尽管政府部门待遇优厚，从政府部门出来的人也可能成为华盛顿的"1%"，但真正的金融天才不会满足于特伦特看到的那几百万美元，更不用说政府雇员领到的少得可怜的薪水。

萨维林做了一件经济上合理的事情，他保护了自己的大部分财富，使之避开来自政府的黑洞。然而更进一步来看，当他放弃他的美国公民身份，保住可以激发私人资本领域活力的几千万美元时，他表现得很英勇。我们永远无法得知，有多少人因他的决定而得到工作机会，或者成就了他们的整个职业生涯。对他们来说，爱德华多·萨维林是他们的英雄。

舒默参议员可能希望驱逐那些能更好地利用自己的财富的人，但美国的建国者对政府权力政客心存疑虑。宪法是由智者制定的，着眼于限制政治家的权力，包括开国元勋本身的权力。国会和总统被授权保护公民的个人权利。除此之外，宪法只授予政治阶层一些明确定义的执政权力。第十修正案规定，宪法未授予联邦政府的权力，也未禁止各州行使的权力，保留给各州行使，或保留给公民行使。

开国者的理想是怎么变色的？如果联邦政府仅行使有限的权力，就不需要每年向纳税人征收巨额税款。如提供共同防御、铸造钱币和其他旨在维护个人自由的基本职能。舒默对失去爱德华多·萨维林的数千万美元财产的愤怒表明，联邦政府已经超出了宪法赋予的权力。正因为这样，萨维林成功保住这些资金，阻止政客染指这些财富，他就是维护自由的英雄。

今天的美国联邦税收制度根本不合理。它阻碍了人们创造财富和就业的机会。它所维护的是政治阶层的利益。当他们相互讨论税收标准时，很明显，他们认为联邦政府可以随意决定税率。

2013 年 5 月，联邦政府的国税局偏袒免税机构，许多人听到一个消息后愤怒了。表面上看，被视为对政府不友好（因此也敌视政府的国税局）的团体受到了刁难，甚至骚扰。还有国税局官员向他们的政治支持者泄露了有关不受欢迎群体的机密信息。丑闻曝光后，许多人呼吁改革国税局，但他们没有抓住问题的重点。无论哪个政党执政，国税局都被政治化了。任何改革都不会改变其本质。真正让人不齿的是美国号称是建立在个人自由基础上的国家，但在每年 4 月 15 日，美国人却在国税局（IRS）这个政治产物面前诚惶诚恐。真正的耻辱是这套税法变成了社会工程的丰碑。税法奖励一些"非营利"团体，一些个人因为负债买房和生养孩子而受到税法奖励。

应对税法这个怪物最合理解决方式是我们的税法应该实行史蒂夫·福布斯也曾明确提出的单一税。单一税率将使美国国税局无处插手，并将剥夺让容易犯错的政客告诉我们如何生活的权力。单一税率将废除定义税制的无数扣减项目。它将取消资本利得税、公司税、股息税和不动产税，这些加起来相当于个人所得税的四倍。

单一税率的缺点就是实行的效果太好了。美国是拥有世界上最具生产力和企业家精神的地方，刺激经济增长可以增加联邦政府本已充裕的财政收入。财政部的所有新增的资金可能会促进政府的发展。

第一，联邦政府在保护人权方面发挥着必要的作用，比如，保护公民免受外国侵略者的侵犯、执行司法、保护财产权。这些需要资金，但政府税收的数额已远超需求。因此，最好的税收可能是消费税，而不是收入税，消费税是一些人所说的公平税。征收这种税的首要原因是公民不再需要向联邦政府证明他们的收入。采用消费税并取消其他所有税收或减免，那么国家将不再需要国税局。

第二，即使是单一税也增加了工作的成本。一个合理的税收制度应该工作"免费"，对消费征税。有人会认为这样的税收会惩罚零售商，但其实人们正是为了消费而生产商品。人类的消费是不断增长的，因此对消费征收较轻的税，对消费的影响可以忽略不计。

第三，就算消费税确实对经济产生了影响，也依然是利大于弊。回到我不断重复的观点：没有储蓄和投资在前，就没有公司或没有初创企业，就没有就业机会。将投资放在第一位，如果人们不再消费，他们的储蓄将会变成未来企业所需要的资金。我们今天享受的所有产品无疑都是过去储蓄的结果，对消费征收一小部分的税，将释放出大量的资本来资助下一个"史蒂夫·乔布斯"。

第四，消费税的征收对象完全没有区别。政客们如果想有所偏袒，强征累进消费税将会非常困难。这样就能做到在税法面前应该人人平等，而且本该平等。

第五，这是最关键的，消费税是公民唯一可以切断联邦政府收入来源的方式。从理论上讲，消费税不同于单一所得税，它将赋予公民在某些年内向政府支付更少费用的权利。当人们对联邦政府不满时，这项权利就尤为重要。但当我们的公民经历了艰难的一年，消费减少时，这一点也同样重要。如果我们的生活过于艰难，那么政府也应该通过减少税收才好。

我们不知道为什么爱德华多·萨维林放弃了他的美国公民身份，这原本也不关大家的事。如果他确实是为了避免税收考虑，那么问题不在于萨维林，而在于税法，正是税法把这样的企业家赶出了我们的国度。在两个多世纪前，我们的开国元勋们付出巨大代价建立了自由社会，现在是时候消除这种对自由社会侮辱的税法了。

# 第11章

# 能力不足的监管者取胜的概率很小

> 卓越的人才做出的决策大约有 49% 都是错的，即使是最优秀的人才所做的决策，仍然有将近半数以失败告终。
>
> ——尼克·科克纳斯《命悬一线》

阿巴拉契亚州立大学橄榄球队从没赢过密歇根大学队，即使政府监管也没起到作用。2007 年 9 月 1 日，属于美国大学足球联赛甲组－AA 级的阿巴拉契亚州立大学队在安娜堡以 34：32 的比分击赢了全区排名第 5 的密歇根大学狼獾队。这样比赛结果不仅震惊了美国大学橄榄球界，就连对体育运动不感兴趣的人也为之震惊。

ESPN 的记者帕特·福德写道："在大学橄榄球队中，优秀球队与弱队之间的差距远远大于其他运动。"实际上，这样的事情通常不会发生。从 20 世纪 70 年代末开始，大学橄榄球队开始分区比赛，从来没有一支 AA 级球队打败过 A 级球队，更不用说打败排名前五的球队。密歇根大学队被称为橄榄球工厂。培养了很多 NFL 最出色的球员，包括新英格兰爱国者队的四分卫汤姆·布雷迪、NFL 选秀第一名的捷克·朗，还有后来登上名人堂防守后卫查尔斯·伍德森。而阿巴拉契亚州立大学校队只有少数人毕业后成为 NFL 球员，截至 2013 年只有 8 位入选，其中一位明星球员也没有。

的确，历史上阿巴拉契亚州立大学队也曾击败密歇根大学队，但这种情况非常少见。阿巴拉契亚州立大学闻名全美的那天，路易斯维尔大学和博伊西州立大学比分分别以 73∶10 和 56∶7 击败了他们的 AA 级对手。同样，佛罗里达大学短吻鳄队也不出意料地以 49∶3 的悬殊比分大胜西肯塔基大学队。我们从中得到的教训是政府对企业的监管。监管是政府的能力不足，工作人员却自己拥有足够的学识、见解和技能，去监管卓越的人，防患于未然。换句话说，政府监管就是假定阿巴拉契亚州立大学队每次都会战胜密歇根大学队。

每一届大学橄榄球赛季的最初几周，人才错配的现象，同监管中的人才错配没有两样。最出色的高中橄榄球选手都希望加入得克萨斯长角牛队或迈阿密飓风之类的球队，就像顶尖的金融、医学和商业人才纷纷流向摩根大通、默克公司和可口可乐公司。通常来说，有才华的人找同样有才华的人共事，同时工作有刺激性，报酬丰厚，最优秀、最聪明的人不太可能安于联邦监管机构的工作。卓越的分析员会选择高盛，而不是去负责监管高盛的证券交易委员会工作。所以，平庸监管者的抢先发现问题的概率很小，如同阿巴拉契亚州立大学队战胜密歇根大学队一样。

人才错配问题往往因不当诱因而突出。能力出众的监管人员可能受到引诱，通常宽松对待自己所管辖的企业，目的是将来能在这些优秀的公司找到工作。这就是诺贝尔经济学奖得主乔治·斯蒂格勒所说的"监管俘虏"被监管者的利益反而凌驾于监管者的职责之上。除了监管俘虏现象之外，人才错配还有最优秀的企业与投资人也无法洞察未来，致使监管无法发挥作用。

约翰·埃里森，将只有 40 亿美元资产的小银行打造成了价值 1520 亿美元的全球金融机构。2009 年，他以 BB&T 银行退休。他在 2013 年出版的著作《金融危机与自由市场解药》中指出："金融服务业是被高度监管的行业，大概是世界上管制最严的行业。"然而，就算有联邦存款保险公司、通货监理局、美联储、证券交易委员会等机构的监管，依然无法防范银行业在 2008 年陷入金融危机。有了银行的宽松借贷就有了购房热。《华尔街日报》撰稿作家葛瑞格理·扎克曼写道："监管者不但没有办法抑制，反而还鼓励市场，10 年前只有 64% 的美国人民拥有住宅，现在这个数字上升到 69% 的历史新高，这让监管者欣喜若狂。"

21 世纪初，美联储主席阿兰·格林斯潘因为执掌美联储的手段高超，被尊称为大师。2004 年，他对参加某场会议的地方银行家表示："在房地产方面，全国性价格扭曲的现象是不太可能出现的。"2007 年 6 月，格林斯潘的继任者本·伯南克肯定地说："我们将密切关注次级抵押贷款市场的发展。不过目前看来，次级房贷问题不太可能会严重蔓延到整体经济范围或金融体系。"

美联储负责监管银行、检查银行体制是否健全，但这些银行内部问题逐渐显露时，美联储却视而不见。埃里森对此并不感到惊讶，他回忆道："依据我的从业经验，美联储在预测重大经济转折问题上，出错率是100%。"他说得没有错，那些只知道领薪水的官员没有在年薪百万的银行家之前预测到危机的发生，这并不意外。

显然，监管人员并未尽到职责，可是替政府工作的人从来不会道歉。美国企业研究院资深研究员彼得·沃力森指出："非常奇怪，监管员虽然表现得不佳，反而会获得更多的经费和权力，这全都是容易健忘的国会所赐。"

市场竞争让经营不善的企业拿不到投资，这样他们就不会浪费更多的资金。相反，政府却会对效益不明显的计划投入更多的人力和财力，这种做法就像西肯塔基大学橄榄球队被佛罗里达大学队痛击之后，斥资数百万美元整修球场设施一样，认为只要把健身房弄好，下次比赛就会扭转颓势。也许会扭转，但是佛罗里达大学短吻鳄队照样有99%的机会将西肯塔基大学山顶人队打败。不管国会投资多少亿美元税收给监管机构，一旦出事，监管总是来得太迟。体育界常说的一句话是：运动员的身高和速度不是训练出来的。

人类预测未来的能力有限，即使最优秀的股票、债券、商品交易员，买卖亏损的概率也将近50%。赚最多钱的市场交易员在投资未来时犯错的概率高达49%。那么，各方面能力低于他们的市场监管人员能有多少胜算？塞缪尔·约翰逊对再婚的评价也很合适监管：它代表了幻想压倒经验。

那么，政府金融监管的失误，有没有让普通民众遭到"华尔街的狼群"攻击呢？事实上并没有，因为市场存在有效的监管者，但他们并不是为联邦政府工作，其中很有名的一位就是我们前文提到的对冲基金经理约翰·保尔森。

2007 年至 2008 年，保尔森看空银行的房贷产品，并买了抵押证券保险，因此赚取数十亿美元。保尔森被奉为天才，不过以前别人可没怎么看好他。尽管摩根士丹利和高盛这些大银行很高兴从保尔森的每笔交易中赚取佣金，但负责他买卖账户的高盛银行人员在私底下评论他是"三流的避险基金玩家，根本不知道自己在做什么"。摩根士丹利的交易员知道保尔森打算从房地产市场的修正中大赚一笔，这位交易员直言："这个家伙肯定是个疯子。"经手保尔森交易的人都认为，他预测会有债务违约的情况发生而买了保险，就好像买的地震险一样，永远没有保障。

当一般大众都不看好你的观点时，你赢得胜利后，获得的收益可能超出想象。保尔森看到了别人都没有观察到的迹象：房屋贷款市场快要崩溃了。假如你像保尔森一样，市场预测精准，那你就不会浪费自己的智慧去选择当政府监管人员领一份固定的薪水。而是坚守在市场中，赚取数十亿、上百亿美元的资金。保尔森的交易以及他的成功，对银行与其他金融机构的贡献远远超过出事之后姗姗来迟的政府监管人员。保尔森买房贷抵押证券保险所赚的利润，对银行起了指标性作用，这让银行警觉到他们在支撑的房地产市场债务风险太大了。刚开始有些银行出了问题，后来又获得缓解，人们并没有把保尔森的举动当真。但没有什么比名利双收更能吸引人，保尔森赚取数十亿美元，这拯救了银行，让他们没有犯下更大的错误。令人称奇的是保尔森将存款人和投资人所犯的错误都看到了，他的明智之举给存款人和投资人明确的市场信息，让他们停止对房地产市场投入更多的资金。

　　信用违约互换交易也能起到相似的成效，在这里，我们不必深入了解技术难度很高的信用违约互换交易，只需一句话就能够解释：它是金融机构与企业信用可靠程度的市场指标。信用违约互换交易市场规模宏大，体现了这一章的宗旨，那就是投资人深知，不能仰仗监管去保证银行财务健全，尽管监管人员坚信他们的监督足以为市场提供保障。信用违约互换交易是合乎逻辑的市场反应，是市场监管的化身。

　　民间的监管机构出于相同的逻辑，致力于评估所有债券的品质。不过就像迈克尔·刘易斯 2010 年的著作《大空头》中的角色温尼所觉察到的："评级机构的那些人全是政府员工。"房屋贷款给了房地产市场蓬勃的生机，但是被雇用来评定房贷品质的人却几乎无法理解他们应该分析透彻的市场。正如罗伯特·巴特利在《丰盈七年》中所写，任何一个理性的人都不会相信，某个债券评级机构工作人员能够猜透市场的走向，如果他能猜透，他就会很富有，就没有必要在那样乏味的地方继续工作。

　　那些本该了解更深入的人，把贷款违约保险当作 2008 年金融危机的原因。这是一种荒谬的想法。相当于密歇根大学队的球迷把失败的原因归罪于记分牌，原因是这块牌子把 2007 年狼獾队输给阿巴拉契亚州立大学队的事件记录了下来。回到现实，当时和现在的贷款违约互换交易都只是市场的风向标，反映企业在某个节点上的偿还能力，在预知金融领域的问题上，政府部门和评级机构做得不到位，市场才有了这样的工具，来完成监管人未完成的任务。

　　金融监管制度向监管者下达的任务是强人所难，监管者很少能先于企业界觉察银行系统出了问题。因此，市场自行设计金融工具。

认为这些工具导致金融危机，这确定不合理，下一章节我们要讨论这一点。2008 年监管严格的银行业爆发金融危机，证明投入联邦监管的资金和资源都浪费掉了。让资质一般的人去预测未来，并要求他们比杰出的人才更准确，是制度出了问题。

或许监管金融难度太大了，那么监管消费品和制药行业呢？

当今世界，可口可乐产品的知名度很高，但不是所有人都想"给全世界买一罐可乐"。批评者警告提防"可乐殖民化"，害怕这个品牌被当作工具，把美国的文化意识形态输出到其他地方。人们不必紧张。可口可乐的历史表明，一个知名品牌也可以很快陷入危机之中。

1985 年 4 月 23 日，可口可乐公司推出了"新可乐"。可口可乐的 CEO 罗伯特·戈伊苏埃塔宣称该新产品"醇和、圆润、大胆"。可惜消费者并不买账，也不认可新产品宣传口号，很快原味可乐的价格上涨到每箱 30 美元，据称一位好莱坞制片人怕断货，在自家酒窖里囤了 100 箱。

由于客户不喜欢新可乐，可口可乐公司屈服了。两个月后，新可乐就下架了。"我们没有预估到顾客对可口可乐的情结如此深厚。"可口可乐公司总裁唐纳德·基奥解释道。公司殖民者不可抗拒的市场力量不过如此。可口可乐不得不将"经典可口可乐"重新上架。

1957 年，福特汽车公司宣布："埃德索即将面世！"据称，埃德索打着定义未来汽车的旗号，但这款车的外形并不受消费者喜欢，而且制造粗糙。埃德索变成了一个警示浮夸的故事，消费者会用钱包监管企业。

凯文·科斯特纳、西尔维斯特·史泰龙和本·阿弗莱克都曾在奥斯卡最佳影片《与狼共舞》《洛奇》和《逃离德黑兰》有过上佳演出，当他们表演水平下降时，观众用行动来投票。没有人再愿意去看《邮差》《怒虎狂龙》和《鸳鸯绑匪》。消费者的好恶是一种有效而且免费的监管。

如果没有政府的监管，制药企业是不是会让消费者患病、致残或者死亡呢？通过认真研讨，我们发现监管在制药领域的监管也没有效果。问题同样是人才的错配。制药行业利润巨大，这样优秀的人才都集中在企业中，而不是监管部门。

不过，制药行业监管中有一个最大的问题：究竟有多少市值几十亿美元的公司伤害消费者才有今天的成就？所以，制药企业的员工都很重视产品的安全性，只要有一丝疏忽，他们的公司也不可能持续经营下去。成功的企业依靠良好口碑赢得市场，就算没有食品和药品监管局的监管，默克、辉瑞、礼来等公司生产高质量的、副作用小的药品的诱因也不会小，甚至可能会更大。

假如没有食品和药品监管局辉瑞会因出售假药而独自承担后果，最后可能会破产。监管给企业制造一种错误的安全感：联邦政府在某种物品上盖章，它应该是安全的，或者这个公司是可信的（还记得 2008 年的麦道夫证券诈骗案吗）。这又是让能力不足的人去监管的问题。在某种程度上，监管减少了我们对自己生命的责任感，正如麦道夫的诈骗案提醒我们的那样，如果不为自己负责，那么后果可能不堪设想。

制药企业对产品的疗效和安全性有着自我利益考量，除此之外，市场也有"监管者"，这让食品和药品监管局显得多余。药物大多需要医生处方，比起食品和药品监管局，大多数人宁愿听信医生的建议。市场内部监管是制药公司的性质，确保他们生产的药物安全有效。

联邦药物监管浪费资源而又没有必要，真正的代价或许是食品和药品监管局这个屏障，使得疾病治疗方案很晚才能进入市场或完全被隔绝在市场之外。从制药不会说出这样的话，否则，他们的工作将会更棘手、更花钱。药企的沉默还有一个理由，那就是监管者保护既得利益，使现有的企业免遭竞争。如果不相信这一点，就去研发癌症的治疗方案吧。除非你愿意把自己的成果卖给大型制药厂，否则，你的新药将永远不会上市。

药物监管问题被编入电影《达拉斯买家俱乐部》中。故事背景为 1985 年，当年，诊断为艾滋病就等于被判了死刑。那时食品和药品监管局正负责监督艾滋病药物 AZT 的试验——影片中称这种药弊大于利——欲阻止其他可能有效的药物进口或实验。当美国政府在医疗领域擅自剥夺市场自由时，"监管至死"或许就是真实写照。

航空业风险很高，必须有严格的政府监管，毕竟发生空难时几乎没有人能幸免。1978 年 3 月 1 日，美国政府参议员爱德华·M. 肯尼迪与东方航空公司总裁弗兰克·博尔曼展开了辩论，在电视的转播中，肯尼迪说："我们的经济体出现的问题，并不是放任自由和竞争。经济问题是在联邦政府的指导下，在联邦监管的伞之下。"在博尔曼为"有序监管的市场"辩护时，肯尼迪则主张航空业需要引入更多市场竞争。肯尼迪与博尔曼的辩论透露出监管通常是为了保护。肯尼迪主张放松对航空业的管制，引入竞争，使航空旅行更为普及。

大多数人不知道，美国航空这样的大型民航公司大多是联邦政府扶植起来的。正如航空专家 A. T. 赫彭海默 1995 年在《空中惊魂》中指出："联邦政府一手推动了美航空业的发展。"这样做是为了帮助邮政将邮件更迅速地送往全国各地。这个行业本来就是联邦政府推动的，因此政府会包揽航空票价和路线规划。同样不足为奇的是在美国航空接手民航后几十年连年亏损，甚至沦落到破产。曾有航空公司高管开玩笑，说他们希望当年莱特兄弟飞机被击落，这样航空旅行就不存在了。我们并不需要政府创造的航空条件。如果交给市场自由发展，那现如今的航空业不知会更先进、舒适、准时多少？

还有人认为，如果没有联邦航空管理局，会有更多空难发生。这种说法并没有科学依据，在没有政府监管的市场上，安全系数较差的航空公司很快就会被淘汰。

最终，肯尼迪获胜，航空路线和票价的政府管制得以解除。不过在机场停机坪和指挥塔台上依然看得见政府的身影，证明"山姆大叔"影响深远，把航空旅行的快乐变成了很多人宁愿避免的麻烦。

我们前文已讲过，监管的主要问题是监管者与监管对象之间的人才错配，此外监管还制造了另一个人才问题。企业有丰厚利润才能支付高薪，吸引优秀的人才到一个行业。政府挤压所监管行业的利润，优秀人才只好另谋高就。在监管严格的金融、交通和制药等领域，亿万富翁人数少得可怜。

银行业有句老生常谈："对于经营良好的银行，提供再少的资金也是多；对于经营不善的银行来说，资金再多也是少。"但因为所有银行都被要求维持若干的资本缓冲，运营良好的银行为了划拨这笔钱，他们的利润就减少了。

美国的银行需要资本缓冲以应对储户挤兑，但资本缓冲也阻碍经营。但如果客户想要手持现金才安心的话，银行就只能满足客户的意愿，无论有没有政府的资本要求。沃伦·布鲁克斯多年前曾写过："企业与个人一样，很少因为缺乏资金而破产。"经营良好的金融机构不会因为缺钱而破产，因为当遇到客户需要提现时，它拥有借款所需的抵押物，可以借入资金。

简言之，硬性规定银行设置应急预备金根本没有必要。不仅损害了体制健全的金融机构以及借款人，利润减少后，银行更难以吸引到优秀的人才。这套制度的结果就是银行倒闭，纳税人埋单。这里"看得见的"是银行家有时候被政府救助，"看不见的"是优秀银行家的流失，否则，银行业会经营得更好。

我们应该能想到，能力较差的高管会转入受监管的航空或制药企业。而硅谷形成则与之相反。詹姆斯·奥斯托夫斯基曾经指出，"这个国家最重要的是计算机行业，它完全不受政府监管，全凭自由经济学的规律来治理。"所以硅谷出了很多亿万富翁。

在一个自由的市场，允许失败，也允许每个人都尽自己所能地赚更多钱。在没有监管的硅谷，没有人为失败者伸出援手，成功者也不会被迫帮扶失败者。相反，在创造财富的过程中，不成熟的想法会被更好的想法代替。如果有一个与食品和药品监管局类似的监管机构对新社交网站进行审核，会是什么结果？Friendster与MySpace可能会拿到资助，而脸书的利益就应该会受损。正因为没有这样的监管，也许某个对市场嗅觉敏锐的创业者，将来会战胜脸书。

当我们感叹无监管、准入门槛低和可创造巨大财富的同时，不免好奇，在类似的环境下，航空业和制药业将会是怎样的情形。或者乔布斯、贝索斯和谢尔盖·布林等人当初进入航空公司和制药企业发展，会取得什么样的成就？也许我们将会享受更舒适、高效的旅行？监管究竟剥夺了哪些我们"看不见的"东西？

正如沃伦·布鲁克斯的观察，导致企业破产的，往往不是资金短缺这个因素。他说："他们失败的原因是缺乏能力、判断力、才智、组织和领导能力。如果拥有这些因素资金就不成问题。"政府监管，让最需要优秀人才的企业没有能力招到人。

企业为了遵守监管的要求付出了极大的成本，政府监管对美国经济的伤害更深。竞争企业协会的副主席韦恩·克鲁斯估计，企业为配合监管，每年要付出 2 万亿美元。克鲁斯肯定会同意，这个数字低估了实际经济成本。经济增长的关键是生产，而监管却正好削弱了生产能力。

因为政府有权关闭或起诉一家公司，所以企业必须以牺牲利润和增长来迎合监管者。尽管在 2008 年的金融危机中 BB&T 拥有雄厚的资金，但监管人员告诉约翰·埃里森，如果他拒绝接受这笔救助金，很快就会受到监管者的关注。

无论怎样估算，得出的数值也只是实际成本中的冰山一角。监管是成本昂贵的、阻碍经济增长的负担，抑制了创新。人们意识到，监管制度本就是盲人为视力正常者引路、平庸者碾压卓越人才的一套体系。

# 第12章

## 反垄断法：为短期优秀企业去势

竞争应该奖励那些首先进行创新，建立综合系统，并在竞争对手之前进行扩张的公司。

——多米尼克·T. 阿门塔诺《反垄断法：废除的案例》

欧文·托尔伯格是最成功的电影制片人之一，他曾监督四百部电影的制作。在他的领导下，米高梅成为好莱坞地位最高的电影制片公司。欧文·托尔伯格纪念奖的设立，就足以说明他对电影业的深远影响，这个奖项由美国电影艺术与科学学院授予"富有创造性的制片人，他们的作品反映了电影制作的一贯高质量"。

然而，尽管托尔伯格是一名出色的制片人，但他也有认知盲点。他曾对路易斯·梅耶说："别想啦，路易斯，没有一部内战电影能赚到钱。"他所说的内战电影就是《乱世佳人》，剧本是根据玛格丽特·米切尔的畅销书改编的。米高梅错过了拍摄这部电影的机会，后来《乱世佳人》成了电影史上极具票房号召力的电影。

托尔伯格并不是唯一留有遗憾的好莱坞天才。被全世界公认为经典电影的《教父》也险些流拍。派拉蒙电影公司的高级副总裁罗伯特·埃文斯在说服电影公司将马里奥·普佐的畅销小说改编为电影时，遇到了多方的阻碍。派拉蒙电影公司的一位高管彼得·巴特告诉埃文斯："他们担心，鲍勃……就这么简单。它仍然是一部意大利西部黑帮片。"另外，马龙·白兰度差点就错过了扮演维托·科里昂这个角色。迪诺·德·劳伦蒂斯告诉派拉蒙母公司海湾西方公司的首席执行官查尔斯·布卢霍恩，"如果由白兰度来扮演科里昂，那这部电影就别想在意大利上映了，他会被观众嘲笑到死。"更糟糕的是海湾西方公司总部给埃文斯的回复是："如果白兰度出演教父这个角色，公司绝不会为这部电影投资。请勿回复，此事到此为止。"结果历史再一次重演。由此可见，业内最聪明的人士也无法预测未来。

在美国娱乐界的万神殿中，还有什么电视节目比《周一橄榄之夜》的地位更稳固呢？但哥伦比亚广播公司的主席威廉·佩利是该行业的远见卓识者，但他并没有看好这个节目，在 20 世纪 60 年代末否决了每周一晚间职业橄榄球广播的建议。后来美国广播公司收购 MNF 时，安海斯·布希公司不愿意为其赞助，而后米勒酿酒公司以 500 万美元买下了《周一橄榄之夜》的独家啤酒赞助商的权利。《周一橄榄之夜》播出后，迅速成为一种文化现象，米勒啤酒也借势成为全国最受欢迎的啤酒品牌。安海斯·布希公司高管对此十分后悔，他们重新找到美国广播公司商谈，称只要能进入《周一橄榄之夜》节目中的广告时段，他们付出多少钱都可以。遗憾的是米勒公司已经锁定了该时段的赞助权。

O. 辛普森被选为《周一橄榄之夜》的固定评论员。被选中的原因是他"一眼就能让人喜欢，并且不可自拔"。这位前橄榄球明星，曾因在机场拍过一段追逐一辆出租车的广告而出名。早在1984年，制片方为电影《终结者》选角色时，曾考虑让他担任主角。让人意想不到的是后来这个角色的扮演者换成了阿诺德·施瓦辛格，因为制片公司的主管们认为"人们不会相信像辛普森这样的好人能演好一个无情的杀手"。

当戴维·切斯到处推销他的关于黑帮分子及其家庭的电视剧《黑道家族》提案时，美国广播公司、哥伦比亚广播公司和国家广播电台全都拒绝了他。只有 HBO 电视网接受了这一提案。后来《黑道家族》为该有线电视网络的成功奠定了坚实的基础。但 HBO 电视网也不是无懈可击的，虽然它为《黑道家族》开了绿灯，却拒绝了《广告狂人》和《绝命毒师》，后来这两部电影成了美国经典电影有线频道利润来源。

私募股权公司凯雷集团的创始人之一、亿万富翁大卫·鲁宾斯坦放弃了成为脸书早期投资者的机会。1983年，在迈阿密海豚队选中四分卫丹·马里诺之前，有 26 支球队拒绝了他。托德·布莱克利奇、托尼·伊森和肯·奥布莱恩——他们都是在马里诺之前被选中的，但他们永远也达不到马里诺的成就。2000年，大师级四分卫教练比尔·沃尔什在第三轮选择了霍夫斯特拉大学的乔瓦尼·卡马齐，忽视了汤姆·布雷迪，后者一直到第六轮才被选中。

历史上，对未来预判失误的专家比比皆是。但这与反垄断法有什么关系？当然有关系。很多反垄断监管都是基于政府律师预见未来的能力。按着这个逻辑，政府律师能够辨别哪些企业未来会拥有过多的权力。正是由于这种洞察力，反垄断律师被授权，可以拆分成功的企业，迫使公司在合并前，强迫其放弃有价值的产业线，并惩罚那些对其产品收费过高或过低的公司。

反垄断法的问题与其他形式的监管一样，都出在人才问题上。如果你拥有预测未来的本领，就不会为了联邦政府的那点薪水而辛苦工作。你完全可以去私营部门工作，如果有出色的工作成绩，你将会赚到比在国家监管部门工作多许多倍的收入。

假如欧文·托尔伯格都看不到《乱世佳人》的巨大市场价值力，威廉·佩利也一口回绝了《周一橄榄之夜》的提案，那么，又有谁能确信政府律师有能力判断哪些企业在未来将拥有更多的权力呢？

2010 年，百视达影片公司申请破产。百视达影片公司曾经是最大的录像带租赁连锁店，9000 多家店铺遍布全球，拥有 6 万名员工。事情真是变化得太快了。

2005 年，百视达影片公司原本计划收购竞争对手好莱坞影片公司，但联邦贸易部的反垄断官员委员会泄露了他们将阻止这笔交易的计划，百视达影片公司只好放弃了这次收购。联邦贸易委员会认为，百视达影片公司和好莱坞影片公司的合并，将会把市场力量过度集中在一家公司身上，使其有能力向消费者提价。好莱坞影片公司最终与另一个竞争对手电影画廊合并，但在 2010 年，电影画廊宣告破产，好莱坞影片公司停止了对电影画廊的运营。

令百视达影片公司破产的原因，不是与其他影片录像带出租公司的竞争的失败，而是影片租赁业遭遇了意想不到的新变局。反垄断官员阻止了百视达影片公司与竞争对手合并，但完全没有注意到市场的"破坏者"里德·哈斯廷斯的闯入。

1997年，哈斯廷斯在当地的百视达影片公司商店租了一部《阿波罗13号》的录影带，但他没有及时归还，从而被收取了40美元的滞纳金。哈斯廷斯从这件事件中嗅到了一个商机。两年后，他在加州洛斯加图斯创建了网飞公司。网飞公司针对百视达影片公司的经营模式，做了两方面的重大改进。第一，消费者不再受限于地理位置，他们可以在网上选择DVD或录像带，然后通过邮件发送，通常在一天之内就可以收到，这要归功于全国各地的仓库网络。第二，顾客可以根据自己的需要确定保留影片的时间。网飞公司会根据客户一定时间内需要DVD的多少，每月收取固定的费用。这两项措施在很大程度上消除了顾客在影片租赁中的不安心理，也降低了租赁费用。尽管网飞公司进行了这些改进，但在2000年，网飞公司还是陷入了困境。当时百视达影片公司可以用5000万美元收购网飞公司，可惜他们错失了收购机会。

反垄断官员将精力集中在百视达影片公司可能通过收购变得过于强大的可能性时，却没有关注到微小的网飞公司进入了DVD租赁业务，并迅速占领了市场。后来，那些鼎鼎有名的影片租赁公司早已在市场上消失不见，而联邦贸易委员会从未关注的网飞公司却彻底改变了这一行业。

网飞公司的业务发展十分迅猛，但里德·哈斯廷斯很清楚自己是如何将强大的百视达影片公司打败的。在接下来的创新中，他又推出了在线流媒体视频服务，客户再也不用等待DVD邮寄到家。总有一天，其他创业者也可能会推出新模式，淘汰掉网飞公司的经营模式，而且可以肯定的是反垄断官员也不会预先觉察到破局者的出现。

　　如果百视达影片公司和好莱坞影片公司合并了，也许还有实力与网飞公司展开竞争，可是由于傲慢的反垄断监管机构官员的干涉，我们永远不会知道最后的结局。相反，投资者却愿意付出一切代价来换取反垄断监管机构监管者自称拥有的才能，捕捉到视频业新的创业者与网飞公司展开竞争。如 Roku、苹果电视和亚马逊付费服务，这些公司都是网飞的竞争对手。与此同时，网飞公司已经开始涉足电影制作领域，虽然产量有限，但其已经出品的《纸牌屋》和《女子监狱》两部电影都获得了大众和评论界的好评。如果网飞公司对好莱坞制片公司的冲击与对百视达影片公司视频租赁模式的冲击一样，那么这将再次嘲弄反垄断监管的理念。 如果网飞公司选择收购一家电影制片公司，反垄断官员会允许他们这样做吗？

　　虽然联邦监管机构不会允许百视达影片公司合并好莱坞影视，但有些时候，他们也会"宽容"一点。当然，这里面有一个前提，那就是企业在合并过程中削弱自身实力，监管机构通常会允许他们合并。2013 年 11 月 12 日，美国司法部批准了美国航空公司和全美航空公司的合并，获批的代价是合并后的公司必须放弃在美国一些交通最繁忙的机场的停机位。具体来说，就是这两家航空公司以 4.25 亿美元的价格，卖掉了华盛顿特区的里根国家机场和纽约的拉瓜迪亚机场令人垂涎的登机口的使用权。两家航空公司合并是为了提高市场竞争力，但结果是削弱了其自身实力。

　　强制剥离资产是现今企业兼并中的常规做法。这违背了基本的经济逻辑，即允许拥有公司的股东以最有利于股东回报的方式合并。监管机构一直在寻找一个理由，即迫使公司在合并前进行自我阉割的理由。他们天真地推断，未来的商业前景将是今天商业前景的延续。问题是这样的情况十分少见。

2000 年，美国在线宣布与媒体巨头时代华纳合并。那时，美国在线的市值是时代华纳的两倍，这个互联网宠儿的发展前景也是一片光明，他们的宣传语是"美国在线，无处不在"。专栏作家诺曼·所罗门发出警告，他认为这两家公司合并后，权力可能会过于强大，从而使消费者沦为"奴隶"。在各种媒体的抱怨声中，联邦贸易委员会用了一年时间才批准了这项合并案。

2002 年 4 月，合并后的新公司账面亏损 540 亿美元。一年后，损失扩大到 990 亿美元。到了 2003 年 9 月，在不断变化的通信领域，一度占据主导地位的美国在线惨遭淘汰，于是时代华纳公司将其从公司名称中删除。特德·特纳是美国在线的创始人，也是合并后的公司最大的自然人股东，他因为投资这家公司而损失了 80% 的净资产，即 80 亿美元。这是一个如此愚蠢、严重的错误，以至于促成了两本书——《傻瓜们冲进来》《这里一定有一匹小马》的出版，两本书中都详细地记录了这场灾难。

在美国在线和时代华纳合并失败将近 14 年后，有线电视运营商康卡斯特宣布了一项以 450 亿美元收购时代华纳的计划。果不其然，反垄断官员们又开始闻风而动了。《商业内幕》网站发出警告："康卡斯特以 450 亿美元收购时代华纳将是个大麻烦。"《亚利桑那每日星报》则焦虑地指出："许多人担心，康卡斯特与时代华纳有线电视公司的合并将会形成独家垄断。"时代华纳公司之前的巨额并购，已经成为冒险预测垄断风险的教训，但反垄断人士对反垄断机构的预测能力依然充满信心。

competition 可能来自人们意想不到的地方。百视达影片公司从未想过，它不屑以低价收购的网飞公司会给它带来灭顶之灾。如果鲍德斯集团能够预见到亚马逊会超越它的主要竞争对手巴诺书店，也许他将会与杰夫·贝佐斯一起进入互联网图书销售领域。反垄断监管机构出于对康卡斯特获得垄断权力的恐惧，肯定会让康卡斯特克服重重障碍来收购时代华纳。

企业合并最终是为了求生存。公司必须适应充满不确定性的未来商业环境，而限制大型企业为股东的最佳利益行事的能力会适得其反。反垄断法规并没有促进竞争，而是把成功的企业变成了坐以待毙的鸭子。

阻碍企业合并也使经济失去了使增长成为可能的基本信息。如果未来有那么容易被预测，岂不是每个人都将成为亿万富翁。既然不是这样，反垄断监管机构就应该允许企业自由竞争。有些企业会成功，有些企业会失败，但这就是优胜劣汰。市场的判断会快一些，就能将有限的资金更快地分配给新的商业创意上。

新的市场源源不断地出现，但反垄断监管机构只能对过去的市场作出反应。微软制造软件，戴尔生产电脑，如果这两家公司合并，估计永远不会通过反垄断律师的许可。有线电视网美国广播公司和全国广播公司也永远没有任何合并的机会。微软在互联网搜索引擎游戏中起步较晚，所以谷歌远比微软更受欢迎。在 20 世纪 90 年代末，微软挽救了苹果公司，将其从破产的边缘中解救了出来，但后来苹果的 MP3 播放器 iPod 轻松地粉碎了微软的同类产品 Zune，苹果的平板电脑也击败了戴尔的台式电脑。美国广播公司和美国全国广播公司拥有大量的观众，节目内容也丰富多彩，但网飞公司推出的《纸牌屋》，短时间内吸引了大批的忠实的观众，这说明客户的来源不需要电视台内容的支撑也能快速增长。联邦政府官员根本不可能预测这些市场的变换，他们的尝试是愚蠢可笑的。

然后是浪费的问题。亨利·哈兹利特敏锐地察觉到，"一种职业的扩张只能以牺牲所有其他职业为代价"。总之，想把每件事都做好是不可能的。但如果微软和戴尔合并运营，就会有很多资源被释放出来，可以用来开发新的产品线。

众所周知，反垄断政策前后矛盾，反复无常。在20世纪90年代末，美国司法部的反垄断监管机构将微软公司置于他们的监视之下。如果该软件巨头对其Windows软件中内置的IE浏览器进行收费，它肯定会因利用其"垄断"软件的权力来欺骗客户而面临联邦诉讼。然而，微软将IE浏览器免费捆绑到Windows中销售，又会被联邦监管机构指责是掠夺性行为。今天，微软的IE浏览器的市场占有率严重下滑，其主导地位已经被火狐浏览器和谷歌浏览器替代。所有这些都表明，与反垄断相关的说辞都是无稽之谈。

反垄断监管是由对垄断的恐惧所激发的。如果企业规模过大，或者获得了过多的市场份额，他们就会提高价格。这种担忧乍看之下似乎很有道理，但它与观察到的现实完全脱节。iPod、iPhone和iPad这些独一无二的产品，一经推出就占领了市场，苹果公司创造了垄断局面。但苹果非但没有提高这些产品的价格，反而疯狂地降价。理由很简单：高额利润吸引来了大量模仿者和创新者。

获得垄断地位的企业——在市场经济中，垄断是短暂的——不会通过欺骗顾客来维持其市场份额。相反，他们积极寻求技术改进，这样他们能够继续降低产品价格，在逐利的新公司产生之前尽可能地占领市场份额。苹果无论降价或捆绑产品销售，都是为了保证自身利益。

历史上最著名的"垄断者"是约翰·洛克菲勒，他从 1870 年开始销售煤油，为人们原本黑暗的夜晚带来光明。

1870 年，洛克菲勒的标准石油公司在煤油市场占有 4% 的份额。到 1890 年，它在煤油市场上的份额达已经达到了 85%。如果反垄断条例的逻辑是合理的，那么煤油的价格就会随着洛克菲勒的市场份额增大而上升，但实际上并非如此。1869 年，煤油价格是每加仑 30 美分；1880 年降到 9 美分；而到了 1897 年，煤油的价格就只有 5.9 美分了。那些不断提价的公司不可能长久发展，成功的企业不会通过抬高价格来获得成功，他们会想方设法地提高生产效率，以确保在价格不断下降的情况下，企业的利润依然会有所增长。洛克菲勒因为满足了市场对煤油的需求而变得富有——开始是满足煤油的市场需求，后来随着汽车日益普及，他又转向为汽车提供动力的燃料油市场。洛克菲勒在满足消费者需求的同时，并没有打压竞争者。

1911 年，标准石油公司被反垄断机构裁定为"非法垄断"，那个时候，市场上大约有 147 家炼油厂在与洛克菲勒竞争。当反垄断监管机构追击标准石油的时候，标准石油在美国市场的占有率大概只剩 9% 了。遥想一百年后，在不断有新公司威胁微软的市场主导地位时，反垄断监管机构同样也会严加监管微软。

无一例外，政府监管机构——你可以指望它——总是迟迟不能解决假定的问题，而这些问题总是被市场竞争所解决。再说一次，如果监管者能够预测到未来的市场变化，他们肯定不会为监管机构工作。

通用汽车的历史就是一个很好的例子，说明了垄断假设的荒谬性。1952 年，经济学家约翰·肯尼斯·加尔布雷斯断言："通用汽车公司在动力、设计、价格、车型变更、生产计划以及与汽车有关的决定都是不可改变的，没有驳回的余地，决策者的事业和声誉也是不容挑战的。"1976 年，美国汽车公司的两位高管发出警告说，如果通用汽车的增长不停止，"可能整个汽车市场就会成为他们自己的了"。他们还说，"假如通用汽车想在 1980 年把大家都消灭掉，唯一能阻止得了他们的，恐怕就只有政府了"。

然而联邦政府没有阻止通用汽车，那是因为根本不需要他们的阻止。2008 年，这家曾经"独霸天下"的汽车制造商发现自己的处境已经糟糕透顶，不得不请求联邦政府的援助。通用汽车的利润曾经十分丰厚，不过如果市场大体是自由的话，利润就会吸引竞争者和创新者加入。这种令人振奋的"破坏"在其他行业也在发挥作用。假以时日，像苹果、网飞公司和亚马逊这样的行业领导者也将被打倒，从他们的位置上跌落下来。市场力量将完成反垄断监管机构无法完成的任务。

大家要是不相信，就应该去读一读经典著作《追求卓越》。这本书写于 1982 年，谈及了 43 家美国顶尖企业的最佳做法。该书一上市，就被人们抢购一空，每个人都想知道最好的企业是怎么做的，才能一直保持处于领先地位。然而让人意想不到的是在短短的两年内，这些企业中有 14 家陷入了严重的财务危机。反垄断者的成果达到了极致，他们借助政府的力量，让优秀企业变得危机四伏。反垄断是经济发展的障碍。历史表明，市场的自由竞争效果更好。相比之下，反垄断律师的工作根本就是多余的。

我们应该问自己几个重要的、具有可讨论性的问题。下面两类公司我们选择哪类？是通用汽车和花旗集团这样需要纳税人的支持才能活下去的公司，还是像微软和 IBM 这样可以独立生存的强大公司？如果市场能够让强者屈服，那么反垄断律师就没有必要存在。还有，高市场占有率表明，这个企业已经充分满足了市场的需求。

消费者将市场占有率赋予企业，一家公司在市场上能拥有高占有率，原因是它为了满足消费者的需求，提供了优质的服务。企业之所以能发展壮大，是因为消费者对其提供的产品有着巨大的需求。但大公司也可能会逐渐变得衰弱，因此，最成功的企业排名总是不断变化的。

对于雄心勃勃的人来说，利润是他们可以进入市场赚取财富的信号。如果没有足够多的利润，投资者、企业家和企业就不知道在哪里投资才能获得最大回报。因此，当反垄断监管者为新兴的优秀企业去势时，市场就会陷入一片昏暗，而我们只能让盲人领路。

# 第 13 章

## 监管滞后，起不到应有的作用

> 谷歌那帮家伙，他们想成为亿万富翁、摇滚巨星，想在公众场合出彩，等等。且让我们看看，两三年后他们是否仍然希望经营这份事业。
>
> ——比尔·盖茨

回想 20 世纪 70 年代，罗兰·斯文松离开了得克萨斯州立大学，理由是"去追求摇滚乐学位"。那时奥斯汀市有很多闯摇滚圈的年轻人，可到了 31 岁的斯文松似乎还停留在他二十几岁时的生活，在一个深受大学生欢迎的"另类周刊"做校对员兼投递员。大多数人长大后就放弃了大学的生活方式，但斯文松依然没有改变。他 31 岁前的职业生涯中，根本看不出他将来会有什么成就。

但人们经常会看走眼。1994 年，被绿湾包装工队解雇后，库尔特·华纳在爱荷华州的一家商店里以每小时 5.5 美元的薪酬标准做包装食品的工作。不过华纳从未放弃当四分卫的梦想，这份梦想让他闯进了室内橄榄球联盟和欧洲美式橄榄球联盟，后来这两者解散了。但华纳的表现很快引起了圣路易斯公羊队的注意，并最终签下了他。2000年，华纳率领公羊队夺得超级碗冠军，成为NFL最有价值的球员，这也是公羊队唯一的一次超级碗冠军。

20世纪90年代末到21世纪初，凯瑟琳·斯托基特一直任职于纽约市多家杂志社（我们过去是朋友，现在仍然是朋友），直到2003年她和丈夫搬到亚特兰大。她是一个漂亮、讨人喜欢、机智的女人，但我身边的人都不认为她会成为全球知名人物。后来她写了一部小说，是关于密西西比州人权运动前社会状况的，她在一封电子邮件中告诉我，她收到了"60家代理商的拒绝"。但是，她的坚持得到了成功。她的《相助》成了超级畅销书，改编的同名电影引起了轰动。

再来说说斯文松。1986年，他说服他的老板举行一场音乐节，他们称之为"西南偏南"，简称SXSW。尽管第一届只吸引了700名观众，但如今每年都能吸引7万多人。每年3月，奥斯汀的餐厅、酒吧和酒店都人满为患，这个为期9天的音乐节成了全国最大的音乐活动之一。

这些故事告诉我们，不仅未来不可预测，就连谁能塑造未来也不可预测。但反垄断者的信念与这相反，他们相信未来的情况是可预知的。

如果说很难预测一个普通的人是否有一天会闻名世界，同样也很难说今天的成功故事是否会变成昨天的旧闻。反垄断法根植于"用现在预测未来"的谬论。斯文松、华纳和斯托基特的事迹就是对这一愚昧想法的有力反驳。

市场上每分每秒都有无数的决策正在进行，反垄断法企图监管市场的正常运作，其中相互矛盾者很多，任何监管都会失败。就如大家所说的，"没有人无所不知"。

2000 年，扎克伯格是菲利普斯埃克塞特学院的学生，2010 年他已经创办了脸书，成为亿万富翁。扎克伯格创建了世界上最大的社交网站，把一些大型的商业集团甩在了身后，包括媒体巨头新闻集团旗下的社交网站 MySpace 在内。

2014 年，脸书调整发展战略，以 190 亿美元收购了通信公司 WhatsApp。WhatsApp 的联合创始人扬·酷姆是乌克兰移民，16 岁时与母亲来到加利福尼亚州山景市，他们靠政府援助生活，领取过食品救济券。前《华尔街日报》的发行人 L. 戈登·科洛维茨曾指出，WhatsApp 是"监管机构根本没有听说过的一家公司"。它的业务发展迅速，方向变化迅速，这说明要判断哪个公司将会发达是多么困难。

监管对于经济，就好比速度较慢的阿巴拉契亚州立大学队的防守后卫经常能拦住速度快得多的密歇根大学队的外接员。事实上，这是一种保守的说法。监管形同认定阿巴拉契亚州立大学队的教练清楚地知道每个球的最终落点。事实上，根本没有这样的教练。就算有，每一次进攻时，他们仍然需要那些能够阻挡对方接球手的优秀的球员。

正如密歇根大学队是阿巴拉契亚州立大学队的克星一样，商业世界中，卓越的人也总是领先那些自以为是的监管人员好几步。哪怕是真心认为高盛、可口可乐和辉瑞需要政府监管的人，也需要明辨一些真相。大公司一直在接受有力的监管，那就是消费者和竞争。

## 第14章

## "贸易赤字"是对我们工作的奖赏

事实上，根据其释义，国际贸易总是处于平衡状态。

——罗伯特·巴特利《丰盈七年》

已故英国作家杰弗里·博卡的作品类型很多，其中包括一本英国前首相温斯顿·丘吉尔的传记《比基尼海滩：邪恶的里维埃拉》，是一本关于欧洲享乐生活的书，还有一本关于美国现代悲剧的书《刺杀肯尼迪》。

苏联解体前，博卡也曾在莫斯科生活过一段时间。后来他写了一本关于他的苏联经历的书，书名为《莫斯科现场》。如果你想了解那个时期苏联的社会状况，博卡的书是一个很好的切入点。

他对莫斯科一家餐馆的描述特别能说明问题：

我还没坐好，一个身穿领班黑色西装、系着蝴蝶领结的金发服务生凶巴巴地冲了过来，给了我一份油乎乎的菜单，菜单的页面一片模糊，几乎无法辨认。我熟记这份菜单，因为它至少25年来没有变。我首先想要的是罗宋汤，但今晚推送鱼子酱，领班把菜单从我手中拿开，翻到鱼子酱那页。

接下来描述的是顾客和服务员之间的争吵。足以让每一个习惯了自由市场餐厅的人感到震惊。博卡想要喝罗宋汤，但那个粗暴的领班一直要求他点鱼子酱。他甚至与同事商议并询问是否要继续为博卡服务后，要求博卡点基辅鸡肉，尽管博卡的主菜是牛肉片。博卡形容服务生的举止像是少年管教所教育出来的，事实也许就是这样。

博卡没有吃到他想要的食物，但是他的描述充分说明了贸易的神奇。博卡邻桌坐着一对迷人的夫妇。奇怪的是他们居然带了两个挡风玻璃雨刷进了餐厅。在莫斯科雨刷是一个强有力的权势象征，代表你是有车一族，车上的雨刷也是小偷们的主要目标。

在资本主义或混合经济中，人们生产的目的是消费。苏联有少量的"贸易顺差"，经济学家对此表示庆祝，但没有经济学家谴责"贸易逆差"。之所以没有贸易赤字，因为他们没有能买的东西。

20世纪70年代，美国联邦政府控制汽油的价格，致使美国人给汽车加油需要排很长的队。但与苏联相比，这里的情况倒不算太糟糕。在苏联购物，无论什么时候都得排长队。

在20世纪70年代，美国人穿显旧的牛仔裤是为了给人一种粗犷的感觉。但牛仔裤在苏联却是财富的象征，在黑市上以106美元一条的价格出售（当时这价格算很高）。按讽刺作家 P. J. 奥洛克的说法，"保加利亚蓝色牛仔裤"是结束冷战的最关键因素。

令人吃惊的是俄罗斯人都爱储蓄。据史密斯估算，俄罗斯人的储蓄从 1975 年的 910 亿卢布增长到 1981 年的 1650 亿卢布。但如果没有交易市场，存款无法进行再分配。人们的存款不能用来做任何事情，唯一的机会是到国外购物。

英国外交官奈杰尔·布隆菲尔德对史密斯说，走出国门的俄罗斯人"就像弹簧圈，在西方百货商店里流连忘返。""俄罗斯人回国时，带着新买的衣服、鞋子、收音机等各种各样的东西"。他们出国不仅是为了观光，也是为了购物。他们可以将带回家的货物大幅度加价出售给没有机会出国的人。


《华尔街日报》的编辑玛丽·阿纳斯塔西亚·奥格雷迪也曾描述过拉丁美洲的类似情况。2005 年，她在写关于《中美洲自由贸易协定》的必要性时，提出了自己对进口的不同见解。那些经济学家专注于外国商品抵达美国海岸的危害，而奥格雷迪坚持认为进口是件积极的事情，《中美洲自由贸易协定》旨在将中美洲国家纳入，这有助于中美洲国家"获得进口商品"。无论是从城市大街上还是从世界其他国家，"进口"都是工作的目的。人们生产是为了消费。

但是，尽管贫困的中美洲人民也有劳动收入，但可以交换的商品却很少。他们靠生活在美国的亲戚带来丰富的美国商品。正如奥格雷迪所描述的飞往中美洲的航班：

忘记去特古西加尔巴、圣佩德罗苏拉，或马那瓜的航班上的"随身行李"吧。这些航线是"托运"行李。乘客无论大小，都会拖着塞满了手提袋和捆着捆绳的包裹，挤在飞机过道上。陌生人聚集在一起，协力帮老奶奶把战利品塞进头顶的行李舱，每个人都累得满头大汗。

经济学讲的是个体，如果把"贸易逆差"概念降低到个人层面思考，我们就会明白，貌似让经济不稳定的贸易逆差，其实对经济发展是有益的。以我个人来讲，我与各大雇主（福布斯、真实透明市场财经网站和卡托研究所）交易时存在"贸易顺差"。我从他们那里领薪水。然后我把赚来的钱花在房子、衣服和食物上面。反过来，我和房东、服装店主及杂货店主之间，我成"逆差"的一方。在我与杂货店的商业关系中，我是买方，而商店是卖方，大可不必担心自己卖方的关系。我的贸易逆差其实就是努力生产所得到的回报。有些人喜欢存钱，但正如我们前文提到的那样，储蓄行为不会脱离整体消费。储蓄只是经由银行借贷，把消费能力转移给其他人，或是银行进入渴望贷款实现增长的企业手中，甚至进入货币市场账户和股票经纪账户，等等。不管哪种方式，顺差和逆差都是平衡的。

离开个人层面，我们把这项分析再上升到一个更高的层面来分析，纽约绝对称得上最有钱的城市之一。很久以前，作家兼记者肯·奥莱塔曾写道："对于有才能的人来说，这个城市是最后的检验场。"纽约存在着巨大的贸易逆差，因为市民消费的很多生活用品都来自无论美国各地乃至全球。以前这座城市有很多工厂，但制造业很久之前便已衰落了。如今，那些老工厂已经变成了纽约有钱人珍爱的豪华楼阁和餐厅。

当谈到亿万富翁的人数时，硅谷与纽约旗鼓相当，贸易逆差也相似。虽然大家购买苹果公司、英特尔和甲骨文的产品，但制造这些产品的工厂大都设在国外。虽然硅谷缺少实质性的生产，但当地的居民和纽约市民一样，消费物资丝毫不匮乏。为什么会这样？报纸头条经常看到骇人的报道，哀叹贸易逆差，但富人都有巨额贸易逆差，该怎么解释？这个谜团一般的问题，答案其实很简单。

从意大利进口鞋、从日本进口电视、从危地马拉进口香蕉，这些都是"贸易"。可是，将美国公司的股票卖给外国人，却被称为"外国投资"。这便解释了贸易"逆差"只是数字化的抽象概念，事实上，根本没有这样的事。简单点说，我们能从国外购买鞋、电视和香蕉，是因为每天都有大量的外国投资流入美国，来购买美国创意公司的股票。通过销售世界领先公司的股份，进口来自世界各地的商品。这样的贸易就是平衡的。

这说明了自由贸易的好处。硅谷的科技人才，不必担心如何设计西装。他们把制作高档西装的工作交给伦敦萨维尔街的裁缝，这表明他们可以把自己的时间用在设计软件上。而纽约的金融人才也一样，能有更多的时间寻求融资，供软件设计师落实自己的想法，开发出产品并推向市场。

投资跟着人才走，难怪富裕的地方总是存在贸易"逆差"。可是贸易"逆差"象征着投资者非常看重硅谷、纽约的人才所完成的工作。他们之所以能够大量"进口"外地商品，原因是他们能够"出口"自身所拥有的技术或公司的股份。

当我们谈论贸易时，需要有一点经济学常识。纽约大街是世界最知名的品牌的大本营，各种各样的旗舰店和精品店林立，但这些店面的窗子都是在底特律市定制。商品和服务的生产商之所以把商品运到纽约，不是因为纽约物资匮乏，而是恰好相反。

正如罗伯特·巴特利在《丰盈七年》里所说的："令人不解的是我们为什么要去收集这些贸易赤字的数据？假如也把曼哈顿全岛类似的数据弄出来，怕是公园大道两边的居民都要失眠，为自己的贸易逆差而担心。"没错，纳什维尔的居民根本不在意他们与西雅图的贸易是否平衡。同样，与其他国家的贸易是否平衡也不在他们关心之列。所有的贸易都是平衡的，至于各个地方生产商之间的贸易"逆差"，则是对每个人生产力的奖赏。

# 第 15 章

## 比较优势：做自己最擅长的事

我们不能忘记这句格言：产品最终是用产品购买的。
用我们的优势生产力，在我们自己最擅长的领域发力；
然后用我们的这项优势产品购买他人生产的产品。

——让·巴蒂斯特·萨伊《政治经济学概论》

克里夫兰骑士队前锋勒布朗·詹姆斯是世界上最出色的篮球选手。他 9 次入选 NBA 全明星赛，4 次被评为联盟最有价值球员，2 次夺得奥运会金牌，还曾 2 次获得 NBA 总冠军，比肩迈克尔·乔丹、奥斯卡·罗伯逊或埃尔金·贝勒。

詹姆斯身高 2.03 米，体重 113.4 千克，无论身体条件、协调性或弹跳能力都可以使他成为一名杰出的 NFL 的接球手。曾有很多职业橄榄球球员公开表示，凭借詹姆斯的实力，他现在就可以去 NFL 打球，并极有可能成为橄榄球明星。人们觉得他在橄榄球队的最佳位置，是近端锋。如果詹姆斯去 NFL 打球，就会违背比较优势经济原则。假设詹姆斯能去 NFL 打球，付出的代价是他无法成为世界上最杰出的篮球运动员。

仅从收入上来看，这也是一个不明智的选择。爱国者队的近端锋罗布·格朗科夫斯基是 NFL 最优秀的近端锋之一，年薪为 900 万美元，而詹姆斯年薪是 1900 万美元，还有些人认为球队给低了他的薪资。这还得看詹姆斯能否成为格朗科夫斯基那样优秀的近端锋，收入榜第 25 位的近端锋布兰登·佩蒂格鲁，年薪仅为 120 万美元，其他人薪水更低。

假使詹姆斯同时参与这两项运动，他总收入也很可能会减少。另外，在每个 NFL 赛季，他的身体都可能会受伤，任何一个 NBA 球队不会愿意承担这样的风险。另外，职业橄榄球和篮球运动员通常都是利用赛季后的时间休养身体。即使詹姆斯在每个 NFL 赛季的 16 场比赛没有受伤，但在 NBA 新赛季，他的身体也难以完成整个赛季的比赛。

让詹姆斯把橄榄球当成副业更是一个糟糕的想法。詹姆斯是耐克、可口可乐、三星和麦当劳的代言人，每年的代言收入是 4000 万美元。他之所以有如此高的广告收入，是因为他是世界第一篮球运动员，但如果他分身去 NFL，他的知名度就可能下降。

另外，托尼·冈萨雷斯也是很好的例子。他在 2013 年赛季结束后从 NFL 退役。冈萨雷斯先后 14 次担任堪萨斯城酋长队和亚特兰大猎鹰队联盟杯近端锋，入选明星碗，这样的成绩让他成了 2019 年 NFL 名人堂的首轮投票入选球员。

冈萨雷斯大学时就入选了加州大学金熊队，当时也是篮球校队的明星球员。那时他可以选择加入 NBA，成绩可能一般，但薪水应该不低，NBA 普通水平的球员年薪大概是 515 万美元。如果他在 NBA 能待得足够久，哪怕只是候补球员，收入也很可观。然而他在橄榄球队做得更出色，他与猎鹰队的合约是两年 1400 万美元。

与詹姆斯一样，冈萨雷斯从球队取得的收入只是他总收入的一部分，他刚退役哥伦比亚广播公司就与他签约，请他担任《今日国家美式足球联盟》节目的解说员。尽管冈萨雷斯的球员生涯已经结束，最佳近端锋的光环也能为他带来红利。

职业体坛也有过同时参加两项职业运动的明星，但这很罕见。博·杰克逊是奥克兰突袭者队的跑卫，也曾经是堪萨斯市皇家队的中外场队员，然而，在一次为突袭者队效力时，杰克逊髋屈肌损伤了，提前结束他的运动生涯，这就是詹姆斯不去踢橄榄球的原因之一。

最著名的双向运动员是迈克尔·乔丹，他的故事是诠释比较优势的完美案例。乔丹也许是史上最成功的篮球运动员。可是，1993年，在芝加哥公牛队连续赢得三届 NBA 总冠军后，他却突然退役，1993—1994 年的赛季，乔丹退出篮球界，转身与一支小棒球队伯明翰男爵队签约。在 127 场比赛中，他的击球率高达 20.2%，击出 3 次全垒打，被三振出局 114 次，场上失误 11 次。

要取得这样的成绩，绝非易事。在职业生涯的后半段转行，若不是十分优秀，是不可能达到 20.2% 击球率的。然而，从比较优势来看，乔丹改打棒球的决定实在有点不划算，为了男爵队，他放弃了全球第一篮球运动员的荣誉。

普通人也会遇到比较优势的问题。比如，我不善于打理生活，花草从来没有养活过，如果自己盖房子或者种粮食吃，我可能无法生存。可是就算我知道怎样做好这些事情，依据比较优势法则，我也会把修建房屋和种植粮食作物的工作交给其他人，因为比较优势就是一种权衡得失，以物易物。如果我把时间都花在自己不擅长的事情上，就必须牺牲自己最擅长的写作或编辑工作。我们所拥有的东西——哪怕是从一支铅笔到一台电视——都是技能互换的成果。

在数学中一加一等于二，但是两个在工作上充分发挥比较优势的人加在一起，其结果不但可能大于 2，甚至可能是 100。20 世纪 70 年代，史蒂夫·乔布斯和史蒂夫·沃兹尼亚克在车库里一起创业就是范例。他们没有说过"比较优势"这个词，但他们确实各具优势，乔布斯出创意，而沃兹尼亚克则是编程天才。

就像沃兹尼亚克对乔布斯的传记作者沃尔特·艾萨克森所讲述的那样，他并不知道自己的电脑构想可以市场化，更不知道如何做市场营销。公共关系专家吉斯·麦肯纳告诉艾萨克森，"沃兹尼亚克设计了一台先进的机器，但如果没有史蒂夫·乔布斯的助力，也许他只会出现在模型商店里"。正是两位天才的比较优势互补，一起创办公司，结果竟然是改变了全世界。

20 世纪 90 年代后期，乔布斯返回苹果公司后，他推出 MP3 播放器 iPod，还有销售音乐的 iTunes 商店，使得人们购买音乐的方式彻底改变。然而，就像乔布斯在皮克斯动画公司工作时所学到的，"科技公司不了解音乐制作，而音乐公司对科技毫无了解"。苹果公司的员工（特别是乔布斯）固然喜欢音乐，无奈他们创作不出来。相反，音乐界的龙头企业也可能崇拜科技，可是当 Napster 和盗版技术兴起时，他们却毫无办法。值得庆幸的是，这两个领域强强联手，打造出了崭新的音乐时代。

比较优势的好处在于当事人需要专注于自己最擅长的领域，其他的事情就留给别人去做。

自由市场让人们有机会去体验各种不同的工作，直到找到自己的比较优势为止。自由贸易则是在国家的层面上找到各自的比较优势。一个国家比其他国家更擅长制造某种产品，就可以用这种产品去交换自己所没有的产品与服务。生产就是消费，或者套用萨伊的话说："产品最终是用产品购买的。"因为选择篮球，"小皇帝"詹姆斯的消费能力达到最大化，同样，普通人从事自己最擅长的工作也能让自己的消费能力最大化。下一章我们将深入探讨，比较优势原则如何应用到全球合作上。

# 第16章

## "外包"历史久远，对劳动者大有益处

你见到的每一件人工制品，都不是凭个人之力所能完成的。

——唐纳德·J.包德留克斯《全球化》

1958年，经济教育基金会创办人伦纳德·里德写了一篇《铅笔自传》的文章。文章内容既复杂又简单，它为千千万万的读者巧妙地解释了一个道理：一支铅笔看似平凡，却是全国和全世界的人们互相合作的结果。

里德文章中的那支铅笔是在加州圣莱安德罗制造的，木材来自俄勒冈的森林。石墨笔芯来自斯里兰卡，由于里面含有墨西哥产的小烛树蜡，石墨芯可以削成圆锥状的笔尖，适合用来写字。换句话说，如果没有"外包"，铅笔就不会被生产出来。

对大多数人来说，"全球化"意味着本地人被外来人抢走工作。

这样，还不如去为耐克在纽约设立办公室会不会侵害公司在俄勒冈州比顿的利益而操心。其实当耐克将工作外包出去时，选择伦敦还是上海都没有区别。

铅笔的例子说明，商品与服务的生产向来都是涉及全球的活动，世界各地合作越多，人们专精于自身工作的程度也越深，专精正是财富的来源。人人都成为外包专家。

上一章我提到，如果我靠个人的力量去获取衣食住行之所需，大概活不了多久，而像我这样依赖他人技能生活的，绝不是个例。大卫·贝克汉姆是世界著名的足球运动员，天分绝佳。但是想象一下，如果他不找理发师理发，恐怕他形象就要大打折扣。为了满足生活的需要，他也同样会把很多工作外包出去。多亏了以市场为基础的经济制度，每个人都能这样生活。

企业将工作外包给城里的广告商，给国内其他区的卫星办公室，给世界其他地区的工厂，这种方式和个人外包没多大区别，只是规模更大。

当你早上拿钱买报纸和杂志时，等于雇用本地和其他地方的人们。企业将业务范围扩大到全世界时，他们也做着相同的事，简单来说，"外包"其实就是比较优势的应用。

耐克公司的越南工厂，工人的数量是美国本部的 4 倍。经济全球化，受益的是越南的工人。开始步行到耐克工厂上班的越南人，现在都骑上了摩托车，还有很多人买了汽车。此外，越南人有钱后，对耐克公司也有好处。

在美国波特兰郊区，耐克公司雇用了 8000 名员工。如果耐克公司的创始人菲尔·奈特忽视比较优势，坚持只在美国生产耐克产品，或许今天耐克公司就不存在了。工作机会来自投资，而投资人追求的是利润。如果耐克公司像我比喻的那样，也想凭一己之力，解决所有需求，那么它就不会在俄勒冈州拥有 8000 名员工，更别提为越南人提供就业岗位帮助他们致富。

不要忘记耐克公司对波特兰经济的影响并不局限于那 8000个工作岗位。波特兰的威登·肯尼迪是全球知名的私人广告公司，该公司创业初期正因为有耐克公司这样的客户，才得以迅速崛起。的确，这座城市的繁荣是那些高薪工人有能力消费，与他们消费相关的企业都能获利。

经济学家莫雷蒂写道："如果你网购一部 iPhone 手机，它会直接从制造国寄到你手中，让人惊奇的是当手机被送到美国消费者手中时，真正触摸过这个产品的美国人，就只有美国邮递员。"这有些不可思议，可是实际上却振奋人心。制造成本低廉，预示着一部 iPhone 手机的实体组装是生产过程中最简单的一部分。美国人不再需要从事这类简单的工作，这是件好事。另外，"手机的价值绝大部分来自创意、独特的工艺和优秀设计"。饥饿的人买比萨是为了多做一个小时的工作。同样，苹果公司将 iPhone 的制作部分工作外包给海外工厂，这样他们在美国本地的员工就可以空出时间来，专心开发下一代产品。

对硅谷的高科技人才来说，这是有利的。但是对于缺乏技能、永远无法从事此类工作的美国工人来说，又该怎么办呢？答案就在第 9 章。苹果公司创造的就业机会远超其库比蒂诺总部的 1.2 万员工。根据莫雷蒂的计算，一个苹果公司间接创造了 6 万个工作岗位。

苹果公司的设计、销售人才不但为股东赚得丰厚报酬，同时也为美国经济创造了更多工作机会。

就业问题是人们关注的焦点。但如果我们禁止企业寻找生产成本低于美国的地方，将制造工作外包出去，那么投资就会流出美国。由此可见，禁止外包的政策将彻底摧毁很多成功企业，从而丧失数以万计的就业机会。

企业应该通过自动化或外包节约劳动成本，从而加强同海外公司的竞争。耐克和苹果公司的成功招来了市场竞争者，譬如阿迪达斯公司和三星公司。即使耐克公司和苹果公司不尽力争取利润，阿迪达斯公司和三星公司也会这么做，一旦耐克公司或苹果公司与外国企业竞争失败，美国经济受损程度将远远超过机器人和外国工人造成的损害。

当然，这样的事情不会发生，因为苹果公司和耐克公司的精髓不在工厂和设备上，而是在每天到公司总部上班的员工身上。他们专门设计手机、电脑和运动服，博得广大消费者的喜爱。假如美国的政治阶层真的阻碍这些企业获利，他们一定会迅速迁移到别的国家，而别的国家也会热情欢迎他们，因为所有国家都迫不及待地想拥抱源源不断追随成功企业而来的投资。

人们常说，外包是"向下竞争"，大量的廉价劳动力会将美国经济掏空。然而，所谓的廉价劳动力，其实是"昂贵"的。廉价劳动力是低生产力的标志，而投资永远追求高回报。假如创造所有工作的投资人只是对低价劳动力成本感兴趣，那么纽约和旧金山早就变为空城了。

莫雷蒂指出，"公司似乎总在最不划算的地方选址：挑选地价非常昂贵的地区，类似美国的波士顿、旧金山、纽约这类地方，这些城市的员工薪资和办公室租金都很高，是美国营运成本最高昂的地方"。可是如果企业远离人才中心，付出的成本将会更高。价格昂贵，但生产力高的人力资源，最终会超过价格低廉但生产力并不高的人力资源。美国工人的薪资高，应当视为优势，正因为投资人重视他们的生产力，才会支付他们高薪。硅谷是世界上最贵的地方之一，优秀人才聚集，人力成本高昂，却依然吸引了 1/3 以上的风险投资。

外包本来就是每个人天天都在做的事，可是一旦企业跟着做了，却变成见不得人的龌龊的事。不过，由于利润吸引投资，创造就业外包所创造的工作实际上大于其减少的数量。

判断经济离不开常识。今天的曼哈顿到处都是一片繁华，以前则是一片工厂。因为公司把制造部分外包给海外工人，硅谷的发展势头迅猛。反观底特律和密歇根州的弗林特这两个地方发展缓慢，它只能留住低利润的工厂。在企业拥抱外包模式的城市或国家，看不到价格战。可是在回避外包的地方，早就出现了价格战。

# 第 17 章

# "能源独立"可能会削弱经济，
# "全球变暖"是削弱经济的理论

拿破仑没有意识到，唯一封闭的政治经济体系就是世界经济。除非完全断绝英国与世界的往来，否则企图封锁英国，断绝其粮食，逼迫其屈服是根本做不到的。只要英国能与法国之外的任何国家进行贸易，就等于间接与法国进行贸易。

——裘德·万尼斯基《世界运转方式》

多年前的一个深夜，我拿着遥控器翻找电视节目时，无意间看到比尔·马赫主持的 HBO 节目《马赫脱口秀》，我并不经常看这档节目，对马赫的政治观点也不感兴趣，但那一刻，我还是放下遥控器看了一会儿。马赫并非毫无思想。那天晚上，他用了一张前古巴领导人菲德尔·卡斯特罗身穿阿迪达斯运动服的照片，说明采取禁运的办法对其他国家及其领导人的经济惩罚根本毫无用处。

美国的政治家是可以通过法律禁止向古巴出口产品，但古巴的极少数有钱人或者高层人士依旧可以通过与美国企业有贸易往来的国家辗转采购到美国的产品。卡斯特罗身上穿的阿迪达斯虽然不是美国品牌，但他很可能也穿耐克，他完全可以从美国之外的任何一个经营耐克商品的国家购买。任何一项出口产品，最终销往什么地方，谁也没有办法管控。

但对古巴来说，美国解除禁运对这个国家的改变并不大。人们以生产换取产品，古巴缺乏可用于交换美国商品的自有产品。如果古巴的经济缺乏自由化，人们缺少可以用来交换的产品，那么解除贸易禁运也无济于事。

那么，备受国际推崇的古巴雪茄怎么解释呢？难道他们不能拿雪茄与美国交易吗？这是一个很值得思考的问题。但是，你随便来到一家雪茄店，都可以看到古巴人早已把雪茄出口到了美国。古巴法律虽然明文禁止把雪茄出口到美国，可是古巴人不见得是直接将雪茄输入此地，美国喜欢雪茄的人可以通过其他国家购买这些商品，因为其他国家并未对古巴实施贸易禁运。我再强调一次，任何产品销往哪个地方，谁也无法确定。美国人很容易就能买到古巴的雪茄，简直就像它们产自北卡罗来纳州的温斯顿－塞勒姆。

距古巴往东几千英里外，是另一个麻烦多的地方：西亚、北非地区。那里有面积狭窄的以色列。以色列的能源一直依赖进口，但以色列地底下可能储藏着千百亿桶石油，勘探的进步或许能让以色列首度得到属于自己的石油。很多人鼓励以色列勘探石油，希望发现庞大的石油储备能降低石油价格。然而从比较优势经济学角度看，以色列不应该开采石油，因为勘探石油会削弱以色列的经济。

今天的石油价格并不算高，相反，美元是廉价的。石油价格一直联动。1971年，美元价格固定在1/35盎司黄金，但是1盎司黄金可以购买15桶石油，每桶价格折合2.3美元。10年之后，1美元只能换到1/480盎司黄金，同样的1盎司黄金仍然可以买15桶石油，差别在于，每桶石油已经涨到32美元，石油以美元计价。因此，当美元贬值时，黄金和石油价格就会上涨。以2014年来说，1美元只值1/1379盎司黄金，而每盎司黄金依然能买14桶石油。

原油价格的变动和石油供应量关系不大，反而与美元价值高度相关。因此，就算市场上多了以色列石油，也无法影响到其他产油国。世界上能左右油价的只有美国，所以只有让美元升值，才能降低能源成本。

另外一些人则主张以色列应该生产石油，以确保能源安全。这是倡导能源独立的观点，他们认为在与他国冲突时，应该有稳定的石油供应。历史证明，这项政策违反了基本经济学。19世纪中叶，英国兴起了对食品禁运的担忧。有些人认为，自由贸易可能会损害英国农业。制定《谷物法》的目的是确保战争时期英国军队和人民的食品供应。然而，这个观点有些说不通，因为从1810年起，英国差不多与每一个欧洲强国都打过仗，但他仍然能够从交战国进口149.1万夸脱小麦（1英制夸脱=1.1365升）。

100年后，这种经济形势并未改变。第一次世界大战期间，英国海军对德国实施封锁，希望阻挠美国与同盟国贸易。美国对德国的出口一落千丈，但是同瑞典等北欧国家的出口却忽然暴增。德国无法与美国直接交易，但是能通过与交战国维持正常贸易的其他国家开展间接贸易。

20 世纪 30 年代末，美国与日本关系紧张，美国限制对日本石油和钢铁出售。据推断，日本是出于对石油和钢铁的需求才与美国交战。但实际上，日本当时进口这两样商品并没有受阻，它可以进口非美国产的钢铁和石油，包括从壳牌石油进口产自荷属东印度的燃料。

历史上最著名的禁运发生在 1973 年，当时阿拉伯国家拒绝出售石油给美国与荷兰。恰如美国智库卡托研究所的学者杰瑞·泰勒和彼得·范多伦指出，"阿拉伯国家向欧洲出口石油，但这些石油只不过被转售到了美国，或只是顶替了非石油输出国家组织 OPEC 石油被转运至美国。沙特阿拉伯石油部部长谢赫·亚马尼后来承认：'1973 年的禁运，并不意味着我们能够减少美国的出口……世界就只是一个大市场。所以说，禁运的象征意义高于其他。'"

然而，从 1973 年 10 月到 1974 年 10 月，油价上涨了 120%，这场石油危机难道没有创下历史纪录？这个问题问得好，罗伯特·巴特利在《丰盈七年》中这样回答："真正的危机在于美元对石油、黄金、外汇等东西的贬值。"随着美元的贬值，大宗商品全部涨价。简单来说，石油危机其实是美元危机，就算阿拉伯国家没有对石油禁运，也会发生。

现在让我们把关于禁运的这些教训用在以色列身上。假如以色列对中东每一个石油生产国都宣战，而这些国家对以色列实施石油禁运。那么以色列照样可以消费石油，就像石油是从自家的城市特拉维夫地下冒出来的一样。贸易禁运违反了基本经济学原理，只要还有人愿意与以色列有贸易往来，以色列就可以得到它所需要的石油。但是，违背比较优势法则会有损这个国家长期的经济健康发展。

　　和大多数人的想法不同，石油行业的一个问题是石油勘探的利润并不高。依据美国企业研究所经济学家马克·佩里的计算，在所有行业中，能源行业的利润率仅排在第112位。以色列是全世界科技创新企业最密集的地方，在纳斯达克上市的以色列科技公司数量超过欧洲公司的总和。风投资本在以色列非常广泛，人均投资额是美国的2.5倍。这是一个非常强劲的经济指标，说明以色列的比较优势在于科技产业。以色列是科技界的勒布朗·詹姆斯。如果把资源从科技转移到石油，就好比詹姆斯放弃篮球去打橄榄球。

　　当然，这并不代表民间投资者不能在以色列投资石油勘探，只是如果建议由国家出面组织进行某种努力以达到能源独立，就有误导之嫌。正如卡托研究所主编约翰·埃利森经常谈到的那样，消费者力量巨大，只要以色列或任何其他国家有石油需求，石油就会以市场价格被输送到这个国家，石油企业对全球消费的需求远高出以色列人对石油的需求。

　　假如我们把这套比较优势的分析运用于美国，也会得到相同的结论——能源自主不应该成为一个国家的头等大事。但是由于石油以美元定价，有些人担心购买石油将有大量美元流出美国。其实讨论这些美元的最终去向根本没有任何意义，美元最后还是会抵达可以回流的地方，也就是美国和其他以美元作为交易与投资媒介的国家。更重要的是美元通常是在投资有利可图的时候，再次回流美国。

美国和以色列的公司在电子与电脑设备领域获利颇丰，每售出 1 美元的产品分别获利 14.5 美分（美国）和 13.7 美分（以色列）。微软公司每销售 1 美元更是赚到了 27 美分。而石油行业，1 美元的获利是 8.3 美分。再来看看利润率，互联网企业的利润率是 23%，石油行业 6.3% 的利润率根本不可比拟。由此可见，美国和以色列最具生产力的是科技产业，如果受政治驱使而追求能源独立这一虚假目标，无异于勒布朗把时间平均分给篮球和橄榄球，这没有必要，且有害于生产力。财力、人力、物质资本都将被推进一个利润相对微薄的领域，付出的代价是无法在其他地方追求更高的利润。而这一切的努力，只是为了生产一种能以市价购得的大宗商品。

除此之外，对于征税为主的政府来说，石油公司是最容易拿捏的目标，让投资者望而却步。正如我们前面提到的，埃克森美孚石油公司只在 2012 年这一年，就从利润中拿出 310 亿美元来纳税，比美国其他任何一家公司都多。美国十大纳税公司中，有 3 家是石油公司——埃克森美孚、雪佛龙和康菲。谷歌、耐克和苹果最重要的资产是公司的员工，如果税收过高，这 3 家公司都可以转移到其他地方。如果谷歌总部迁到百慕大，谁会注意到？反观石油公司，最重要的资产是地下的石油，没办法搬走。埃克森美孚无法迁移普拉德霍湾和巴肯页岩油田，所以政府才能轻易地对石油的销售利润征税。

也许有些人会对此进行反驳，不管顺应比较优势有多美好，我们还是必须拥有石油，而目前获取石油的途径确实不可靠。《石油阴谋：欲望驱使下的大博弈》的作者彼得·马斯警告道，世界上大部分石油"现在都在国家控股公司中，如沙特阿拉伯国家石油公司、俄罗斯天然气工业股份公司、委内瑞拉石油公司、伊朗国家石油公司"。它们可以在任何时候切断我们的石油供给。

但是，这种情况不会发生。因为政府需要收益，也需要投入。如果你认为他们会切断自己的主要收入来源，那就太天真了。无论发生什么事，石油都会继续流通。

美国应该以平常心看待石油——一种供应充裕的大宗商品，无论开采地点在哪里，最后还是会流通到美国。能源独立听起来很动人，但无论是经济法则还是历史教训都告诉我们这个口号没有任何实际意义。

根据大众媒体的说法，无论石油是沙特阿拉伯、北达科他州、委内瑞拉，还是二叠纪盆地出产的，对普通人而言没有根本性差别。我们的当务之急是节约石油与其他化工燃料的使用，而不是寻找更多储藏量。

气候灾难即将来临的预言家指出，由于全球变暖无法遏制，2100 年以前，海平面将上升 4 英尺以上，像纽约这样的沿海城市也许会被淹没。但无论美国如何削减本身的碳排放量，亚洲新兴经济体所增加的排放量都将超过美国减少的数量。我认为这对他们是有好处的。新兴经济体的人们渴望像西方人一样生活，但富裕的美国人强行为他们规定有损经济发展的环保政策，这种做法令人生厌。无论如何，"公地悲剧"将会阻碍各国同心协力对抗气候变暖的共同行动。

然而，美国沿海房地产的价格持续居高不下，数字十分惊人。对于那些对气候问题危言耸听的人来说，更麻烦的是售价最高的沿海社区，如马里布、曼哈顿和汉普顿这样的地方，都住满了宣称相信人为全球变暖的人。演员泰德·丹森在玛莎葡萄园岛拥有豪宅，环境活动家戴维·劳里也是如此。阿尔·戈尔在加州蒙特西托拥有一座宫殿般的豪宅，距离海岸仅1英里之遥。以上这些著名的全球变暖拥护者，显然不拿自己的话当真。既然情况如此危急，这些倡议挽救地球的活动家却选择居住在海边，岂不是自欺欺人。与此同时，市场的反应则是：科学家预言的世界大难临头的说法是无稽之谈。

如果市场在气候变化预测上出了错，未来他们也会进行自我调整。如果要问资本主义最厉害的地方是什么，无可争议的就是它最擅长提供丰富的物品。而现在，资本主义和市场透露的信息是不需要投资风力、太阳能和电动车。如果他们被证明错误，那么受市场驱动的价格信号就会吸引逐利的投资者进入绿色行业。也就是他们现在拒绝进入的行业——现阶段投资人仍在观望，至少没有掏出自己的钱来投资。

全球气候变暖的科学基于一种隐含的假设：针对全球气候变暖，人们现在并没有调整自己的行为，将来也不会。但实际上，大家确实在调整。万一海平面真的上升，肯定会采取相应的行动。如果不是这样，海岸边的不动产价值应该随着大难临近逐年下降才对。政客们傲慢地认为应该基于全球变暖理论展开行动，市场信号却在嘲讽着他们的自以为是。

话又说回来，如果市场错了，那些危言耸听的气候变暖预言家是对的，我们也会知道去哪里购买针对气候变暖生产出的产品和服务。正如美国人从危地马拉进口香蕉，从意大利进口鞋子，从日本进口电视机一样。可是在那一天到来之前，就让世界其他国家将纳税人的钱拿去花在违反市场的理论上去吧！美国经济需要免除环境监管，停止拿纳税人的钱去补贴风力发电机和电动汽车，以免无谓地牺牲经济成长。

# 第18章

## 自由贸易是通往知识、自由、和平与高薪之路

> 当商品跨越不了国界时，士兵可以。
>
> ——弗雷德里克·巴斯夏

2005年5月，厨师格兰特·阿卡兹在芝加哥开了阿利诺餐厅，他的理想是"重新定义美国的精致美食"。这是一家"高概念化"风格的餐厅，烹调区不像传统厨房，反而更像科学实验室。我得承认，现代主义美食远远超出了我的品位和所能理解的范围。

阿利诺餐厅开张还不到两年，公认的极度挑剔的美食评论家陆斯·赖克和《美食家》杂志都将阿利诺评为美国最好的餐厅。早在与投资人尼克·科克纳斯开设餐厅之前，阿卡兹就已经是一名顶级的厨师了，有了《美食家》杂志的背书，阿卡兹达到了人生的巅峰。

但美食家和一般食客所不知的，是阿卡兹从小在密歇根州圣克莱尔长大，经常"在我父母开的餐馆里煎鸡蛋"。但梦想从哪里起步并不重要。他少年时期的朋友都嘲笑他的烹饪梦想，但阿卡兹坚信自己将来会有一家很棒的餐厅，而且餐厅非常出名。他真的成功了。

亨利·福特不是某天突发奇想就开始制造汽车。阿卡兹也并非生来就是举世闻名的大厨。21岁那年，阿卡兹从美国烹饪学院毕业，然后继续跟随已故著名厨师查理·特洛特学习，后来又去往加州酒乡著名的法国洗衣房餐厅，在名厨托马斯·凯勒手下工作。有一天，凯勒说要送他去西班牙，拜当时公认的全世界最棒的斗牛犬餐厅的主厨费兰·阿德里亚为师。

25岁的阿卡兹此时已经是法国洗衣房餐厅的副主厨，而这家餐厅无论用哪里的标准来看，都算得上顶尖水准。他回忆道："我以为自己很了解食物和烹饪。"但从斗牛犬餐厅的食品"实验室"中诞生的菜品让他"茫然失措，惊讶不已，完全失去方向"。他还说道：

> 鳟鱼卵上桌了，裹在薄薄一层完美无瑕的天妇罗黄油中。我给了同伴一个怀疑的眼神，他立刻回应了我，鱼卵没法油炸，不可能啊！
>
> 我们把彩虹糖果球大小的鱼子送进嘴里，鱼卵之间没有明显的黏着物质，而且还是冰冷的，新鲜的！他们是怎么把鱼卵黏在一起，然后整个裹进面糊里，却没有分散成碎片的？更令人不解的是油炸过后，里面还是生鲜的？

> 一只小碗端了上来，"居然是橄榄油煎玉米糕。"我心想，"玉米糕配橄榄油，这没什么奇怪。"可是我刚尝了一口，黄玉米的香气就整个炸裂开来，然后和玉米糕有关的口感全都消失了！我放下汤勺，故作平静地盯着它，其实我的内心很惊讶，厨师究竟在做什么，像变魔术一样。

阿卡兹在西班牙待了3天，眼界大开，深受启发。他说："在我眼里，每样东西都新鲜而陌生：团队组织的方式、运用的技巧、感观甚至气味。这是一种新的料理，没有一定的常规。"阿卡兹从西班牙返回美国后，就像他自己描述的："想突破法国洗衣房的框架去创造食物的冲动无法抑制。"在芝加哥郊外的三重奏餐厅担任主厨一段时间之后，阿卡兹便创立了阿利诺餐厅。

你们是不是在想，高概念餐厅和听起来不能入口的食物与自由贸易有什么关系？其实它们有着密不可分的关系。

贸易就是交换物品，其中也包括理念的交换。在一个万物互联的世界里，受贸易政策影响的不仅是加拿大的石油，也包括食物的新种类和烹制的新方法。今天我们开车走在美国任何一座城市的街道上，你都会看到提供各国美食的餐厅招牌，从传统墨西哥菜到埃塞俄比亚菜等，即使连"传统美式"餐点也因为不断吸收来自世界各地的新理念而变得丰富起来。

电影《地心引力》的构想来自墨西哥导演阿方索·科朗。列夫·托尔斯泰的《战争与和平》是俄国历史上伟大的小说之一。我最喜欢的小说作家是英国的威廉·萨默赛特·毛姆。当我们拥抱来自世界各地的思想和文化时，生命就会变得越来越丰富。18世纪前往巴黎学习医学的美国学生，能学到远比美国先进的技术。支持废除奴隶制度的政治家查尔斯·萨姆纳曾经在巴黎大学与黑人一起学习，他在 1838 年的日记中写道："在这些自由黑人和我们白人之间，差距源于教育，而不存在于天生的本质。"

经济学家阿瑟·拉弗喜欢用提问的方式来解释自由贸易：美国人会因为某种癌症治疗方案不是本国医院推出的而拒绝使用吗？假如某种治疗心脏病的药在布拉格被发现，美国会因此衰落吗？

微软总部设在华盛顿州雷德蒙德市区，可是纽约、洛杉矶或西弗吉尼亚州摩根敦的市民会因为"进口"Windows 操作系统而处于劣势吗？那么巴黎、马德里和东京的市民又该如何呢？正如迈克尔·乔丹和勒布朗·詹姆斯的成就在全世界吸引了大批的篮球迷一样，自由贸易也让软件、食品和服装等领域的乔丹和詹姆斯们互相竞争，尽可能地发挥自己的比较优势，满足全世界人民的需求。

让我们想一想，人们在日常生活中货比三家，比较本地餐厅、电脑商店、服装店的商品优劣。打开国门，开放外国商品，那么，我们可以比较的商品便扩及全世界。更棒的是每个人都能因此得到加薪。由于经济全球化，企业不敢肆意抬价。当全世界的企业竞相与你交易时，你的薪水就有了更强的购买力。

但是，自由贸易难道不会导致人们失业吗？我再重申一次：世界经济的向前发展就是不断地摧毁现有，这是件好事儿。人们不必再为了三餐温饱而从早到晚地工作，有了自由贸易，创新者能够废除过重的体力劳动，我们的衣服、电脑、手机和电视机有别人帮忙制造，免除劳作之苦。

如果自由贸易当真让人们生活艰辛、找不到工作，那么纽约早已成为自由贸易危害的重灾区了。反之，这些城市几乎什么东西都进口，他们的财富说明，正是贸易使得人们富有。

请记住，储蓄绝不会减少需求。储蓄要么被转借出去，要么被投资在制造、餐饮和医疗保健方面的企业。自由贸易增强了人们的购买力，让他们存下了更多的资金。储蓄是积累个人财富的唯一途径，如果无法利用自己或别人的储蓄，企业家就没办法创业。

自由贸易也会促进世界和平。《纽约时报》专栏作家马斯·弗里德曼说过一句名言：有麦当劳的国家，从来不会入侵另一个有麦当劳的国家。可以进行自由贸易时，出口国的繁荣是全球制造商的利益所在。他们宁愿与这些国家贸易也不愿和对方进行战争。

战争造成市场瘫痪，摧毁财富，造成家庭悲剧。当人们无法把产品售卖到国外时，对战争的恐惧就减少了，至少短期内如此。因为与一个封闭的国家发生战争，不会失去任何消费者。当世界各国人民彼此交换产品的观念、疾病的治疗方案时，贸易就扮演着凝聚的力量。

更重要的是贸易与自由密切相关。人们生产可供交换的产品，通过贸易来满足自己的需求。当政府阻挠贸易发展时，就会使得工作的价值降低，同时也否定了人们的自由，让人们无法跨越国界去寻找最优质的产品与最优惠的价格。自由贸易关系到我们与任何人交易的权力。如果自由贸易都不值得支持，那我们要支持什么呢？

# 第 19 章

# 英尺、分钟、秒若浮动，房子会崩塌，鸡翅会烧焦，NFL 选秀也会出错

在理想情况下，货币应该保持恒久不变的价值。

——大卫·李嘉图《经济安全通货的建议》

顾名思义，布法罗辣鸡翅是在纽约州布法罗市发明的。1964年的某个深夜，船锚酒吧老板泰蕾莎·贝莉西莫把常被厨师扔掉的鸡翅拿来油炸，淋上辣酱汁。时光飞逝，50 年之后，美国人在超级碗冠军决赛这一天，大约消耗了 12.5 亿根鸡翅。市场经济进步的定义是基于承担风险而获得快速跟进和资讯的收获（利空和利多一样有价值）。贝莉西莫在 1964 年做出重大改变，她新发明的鸡翅料理方法改变了美国人和其他国家人的饮食习惯。

鸡翅在市场上大受欢迎，布法罗辣鸡翅节因此诞生了，地点就设在纽约州布法罗市。时间是每个劳工节周末。2013 年的烹饪比赛马修·雷诺兹和里克·基诺哈赢了。在葫芦网站连续播出的纪录

片《美味鸡翅大搜寻》中，他们的胜利永远被记录了下来。《华尔街日报》这样描写这对搭档如何烹饪他们的"中辣、酥脆、鲜嫩鸡翅"：蓝纹奶酪配料中包含两汤勺切碎的洋葱、1/4 杯香菜，还有一杯蛋黄酱。雷诺兹－基诺哈布法罗酱汁由一小匙芹菜籽粉盐和一大匙蜂蜜芥末酱调制而成酱汁先以中火加热 3 分钟到 4 分钟，炒 5 分钟，然后用小火煮 15 分钟，再加入蜂蜜芥末酱一起煮 15 分钟。油炸，在油温 375 华氏度（约 190 摄氏度），炸 8 分钟到 10 分钟。

按这种方法，烹饪的鸡翅必定美味无比，只是称不上什么高档料理。然而，即使是鸡翅这样的简单食材想要成功，也需要准确的度量标准。想象一下，如果雷诺兹和基诺哈的汤匙和量杯大小一直变化不定，或者表示时间的"分钟"时快时慢，结果将会怎样？正因为汤匙、量杯、盎司和分钟的标准化，我们烹调鸡翅和做其他日常的事才能得到可靠的保障。

从更高端、更严谨的厨艺上来看，如果恒定的度量单位，格兰特·阿卡兹的烹饪实验室就会一团糟。阿利诺餐厅就不会存在。没有度量标准，世界上最伟大的厨师也只会是一辆没有轮子的兰博基尼汽车。

正因为英尺的长度经过标准化，工匠们建造房屋或办公楼才变得可行。如果缺少精确的测量，盖出来的房子就可能会奇形怪状，再盖出比萨斜塔也就不足为奇。

NFL 球探和教练每年都会花几个月时间准备选拔新秀。他们手里握着秒表为潜力球员的 40 码（1 码约合 0.91 米）冲刺测量速度。对他们而言，4.43 秒和 4.73 秒的差别是很大的，毕竟关系到数百万美元的薪水，还有教练的职业生涯。

有人说橄榄球是一项分秒必争的竞赛，那一两寸的输赢，取决于寻找和选择球员所拥有的速度、力量和弹跳能力。在 NFL，40 码冲刺时的 1/3 秒的差距，决定了防守球员能否追截到敌队的四分卫，或左内边锋能否阻截突进的线卫。球员跳跃时，垂直的 1 英寸决定了角卫能否防住旋转式传球。2014 年西雅图海鹰队在第 48 届超级碗的比赛中大获成功，靠的是角卫理查德·谢尔曼的速度和他的弹跳力。他跳得足够高，速度足够快，才能在最后时打飞科林·卡佩尼克的传球。

但是，假如秒、磅和英寸的度量单位都不固定，NFL 球队就会经常发现自己签约的球员信息不够准确，会发生在选秀时挑错人选的事。当然，即使有可靠的计量标准，选秀依然不是精确的科学——1998 年，很多球探认为莱恩·利夫应在第二顺位，佩顿·曼宁是第一顺位，而实际上前者是更为优秀的四分卫。可是如果没有人能确切知道球员速度有多快，身材多高，选秀只会变成纯粹的猜谜游戏。

假设度量衡的单位不固定，餐厅、橄榄球队、建筑公司虽然可以根据经验自行调整，但是代价将非常沉重。他们可以雇用科学家来计算 1 分钟、1 秒钟和 1 英尺不断变化的量，以降低不确定性。然而，这样的做法荒谬至极。对大家的日常生活来说，标准化的分钟、磅和英寸对于我们不可或缺。它们的固定不变，才能实现生产力和创新。乔治·吉尔德会把标准度量称作"低熵"投入，令新的经济信息产生大量的"高熵"飞跃。

关于无固定度量衡的世界的一切揣度，本来不值得讨论。可是谁能想到，1971年8月15日，美国总统尼克松能做出那样的决定呢？那是一个恶名远扬的日子，尼克松硬性废除了美元的固定价值，从那一天开始，美元就时时刻刻都在波动，这项政策实在令人不解。

亚当·斯密的《国富论》是现代资本主义兴起的经典著作，他写道："货币唯一的用途是促成可消费商品的流通。"这就是一句描述现象的话语，严肃的经济学家认为货币就是一种度量手段，因为人们需要一种衡量他们生产价值，以便评估用这项劳动成果交换来的商品的价值。亚当·斯密只是在陈述一个生活中存在的事实。

如果亚当·斯密活在今天，一定会嘲笑今天媒体上关于货币的所有评论，如果要"强美元"，或需要"弱美元以刺激出口"，等等。对亚当·斯密来说，这些言论等于是说"增加1英尺的长度"或"缩短1分钟的历时"。既然1英尺永远不会变长或缩短，那么，货币也不应该强势或弱势。英尺是用来度量实物的标准化工具，货币也应该拥有恒定价值。

酿酒师酿酒，面包师烘烤面包，但面包师不见得想要葡萄酒作为交换。遇到这种不对称的交易，货币就派上用场了。如果面包师不喝酒，他仍然可以与葡萄酒商交易，对方只要用金钱购买面包就可以了。货币是公认的交易媒介。面包师可以用从葡萄酒商那里收到的钱去肉店买肉。贸易本来就是以物换物，但是货币能够让拥有不同需求的人轻松地展开交易。

我的职业是编辑兼作家，虽然华盛顿威斯康星大道上的麦当劳不需要我的写作和编辑劳动，但《福布斯》和RealClearMarkets网站需要，他们用货币支付我的写作和编辑工作的薪水，我再用薪水换取我能负担得起的所有生活用品，包括鸡翅和薯条。

　　货币不是财富，而是财富的度量工具。雇主以美元作为薪水衡量我的价值，换算成薪水付给我。我做工作要求用金钱作为回报。但正如前面有关贸易章节所讨论的，人们生产的目的是消费，提供劳动使我们能够消费别人生产的产品。所以尽管我的工作是要求有金钱回报，实际上是我对自己尚未拥有的一切事物的需求。

　　我专注于我最擅长的工作——自由贸易的一个好处——我变得更有生产力。雇主衡量我的工作价值也会更高。假设我去高科技企业工作，那我只能给戴尔公司或苹果公司的那些天才打杂，领取微薄的薪水。自由市场的存在，让我可以专心写作和编辑，也可以领一份不错的薪水，这样我可以用这些钱购买戴尔公司和苹果公司的电脑和手机。

　　如果我要在自己家里安装淋浴间，就有很大难度了。所幸的是我有钱，我能用自己的写作和编辑所得去交换淋浴设施。哪怕承包商对我在《福布斯》等编辑的工作不感兴趣。假设现在有一家承包商告诉我，装一个淋浴间需要 1 万美元，而且需要等到 6 个月后来完成这项工作。再假设我答应他的条件，但为了确保如期完工，我提的条件是预付 5000 美元，另外一半等完工再付清。这笔交易听起来似乎合理。

　　1971 年之前，美元的价值是由黄金定义的，具体来说，1 美元等于 1/35 盎司黄金。当然，在美国开国的头两个世纪，金本位制偶尔有过变动。但美国坚持金本位制，因为唯一有价值的货币应该是价值恒定的货币，就像英尺和分钟是对长度和时间的恒定度量一样。那么明显的问题来了，为什么是黄金？

　　这个问题很好回答。黄金是有史以来价值最稳定的商品，世界为了实现交换需要"货币"，最终选择黄金并不是偶然。人们还曾尝试过其他商品（包括贝壳和香烟），但既然理想的货币应该价值不变，世界各主权国家始终选择黄金。

穆勒在《政治经济学原理》中指出："使用尺和英寸这种通用语言很容易地比较出不同的长度，同样的道理，借助英镑、先令和便士这种通用语言，也很容易地比较出不同的价值。"但如果让面包师对这种共同语言有足够的信心，相信自己拿面包去交换物品时计量结果是可靠的，那么这个"语言"就必须维持稳定。黄金作为货币提供可靠性。穆勒指出："黄金价值很少因外界因素而变动。"后来，经济学家兼投资人内森·路易斯在他的著作《黄金：货币北极星》中写道：

> 金本位制目的明确也就是价值：在不完美的世界中，尽可能实现货币的通货理想稳定、中立、不受政策操纵、定义准确，并可以作为价值的通用标准，正好千克和米可以作为衡量重量与长度的标准。

路易斯和穆勒都承认，黄金的价值并非没有微调，不像1英尺那样恒定不变。但经过许多世纪的努力，人们想要找到最稳定的货币定义标准，然而谁也找不到更好的物品，能提供比黄金更稳定的价值。

近年来，黄金的价值波动加大，但它大部分时间是上涨的，因为黄金价格是由美元衡量，而美元本身缺乏稳定。黄金涨价意味着美元贬值，反之，黄金价格下降，表示美元升值。直到 1971 年，美元供给价格固定在 1 盎司黄金兑换 35 美元，过去这个价格偶尔有小幅波动，特别是在约翰逊和尼克松执政期间，但总体上看，美元价值大多维持在 1/35 盎司黄金的水平上。黄金这种商品因稳定性著称所以被用来管理着美元供给，而不是通过政府官员。

回到我与承包商的案例上。在 6 个月后，也就是淋浴设施安装完工的时候，承包商能拿到另外 5000 美元。我没有给他压低价格，然而，由于美元不再以黄金定价，6 个月后，美元可能会贬值，也许会低得多。果真如此的话，弱势美元会把我们本来公平的交易变成一笔对我有利，但对承包商不利的交易。

另外，假如美元在未来 6 个月内升值，结果又会怎样呢？此前发生过类似事件，20 世纪 80 年代初，1 美元价值低于 1/875 盎司黄金。1982 年美元价值大幅上升，达到 1/300 盎司黄金。如果未来 6 个月，承包商帮我建造淋浴间，美元也像这样大幅飙升，那么，我付出的代价将超过原本估算好的价格。现在读者可以明白美国大部分历史时期都采用黄金来定义货币的原因了。货币自由波动削弱了它基本的用途。

1971 年美元价格改为浮动之后，人们的生产和消费依然如故。但是，这项货币政策已经严重阻挠了经济的进步。当美元及其他所有货币失去基于黄金的定价时，以美元、英镑和日元计价的合约的价值都出现大幅波动。曾经以这些货币计算的薪资变得不确定了，投资和回报率也是如此。货币属于"低熵"的价值尺度，现在却失去了它原有的意义。人们称 20 世纪 70 年代为"萎靡的十年"并非没有道理。全球经济必须在没有温度计、计时器的条件下开始"烹钰"。尽管聪明人想出减轻美元浮动问题的方法，但是经济代价很大。

纽约曼哈顿市中心曾经投资银行林立，此地的华尔街一直是金融业的象征，如今，这个行业正拓展到全国各地。从很多方面来看，华尔街都是正面的象征，因为金融业者为企业提供重要的服务。可是，1971年以后，华尔街有了相当显著的变化——但不是往好方向改变。以前美元与黄金挂钩时，世界上大部分货币都与美元挂钩，所以它们也是遵循金本位制。等到尼克松总统将美元与黄金硬脱钩时，世界各地的货币都开始波动，当货币价值每天都在波动时，世界经济就会发生混乱。

人们不会停止生产或交易，毕竟人类的生产与消费的欲望太强烈了。鉴于此，华尔街想出了外汇交易来应对度量标准的新弹性。

《华尔街日报》记者克雷格·卡明在他2008年出版的著作《美元还能挺多久》中指出，"外汇市场是世界上最大的市场，每日交易量3.2万亿美元。更重要的是它也是'新市场之一'。"他解释道："整个19世纪以及20世纪前半叶，世界主要通用货币都采用金本位制，而不是彼此在开放市场中直接交易。"直到1971年，"因为所有主要货币都盯住美元汇率，外汇市场已经没有存在的必要，只有异常情况下才会发生变化。"

日本丰田汽车公司希望在美国出售汽车，但是由于汽车的标价单位是不断波动的美元，丰田汽车就必须采取措施，对冲美元价值的变化。苹果、戴尔、微软在全球销售产品分别以日元、英镑和澳元报价，三者都是浮动货币，这些公司必须保住以该货币计价的利润，防范它们贬值。人们依然在用产品交换产品，通用货币依然是促进交易的工具。但外汇市场充满了旨在抑制混乱的活动，这些混乱的罪魁祸首便是货币的持续波动。

当我在高盛银行的私人客户服务部门工作时，在2001年时，我有一个客户和他的合伙人把公司卖给日本买家。以日元付款，5年内付清。如果在1970年，当时日元与美元挂钩，汇率是360∶1，合同签订后我的客户就不用再操心钱的事了。然而，后来日元的价格浮动，我的这位客户和他的合伙人就还需要保护自己的利益在未来5年内不受日元波动的影响。我们可以采取避险手段，但这样的流程要几个星期才能完成。为此，所有牵涉其中的人员的生产力损失巨大。

经济增长是人力资本与投资的匹配。货币浮动导致大量的人力资本流向华尔街，为的就是应对这些混乱的交易。汇率浮动致使经济不确定，为了应对这种不确定性我们不得不做很多工作。如果不这样做，全球贸易和投资就会大幅下滑。货币浮动吸引了很多最优秀的金融人才，尽管他们的薪水优越，但做的只是协调工作，这种资源浪费太可悲了。我们"看得见的"部分是勤奋的交易员在银行、投行、对冲基金工作，领取固定而丰厚的薪水。我们"看不见的"部分是有才华的人如果不被用来弥补通货的不稳定，他们将在其他领域做出更大的贡献。为了毫无意义的通货交易需求而浪费这些人才，不知道我们的医药或科技领域，因此错失了多少新的进展。

世界上最重要的大宗商品，大概就是石油，但许多生产石油的地区，却是世界上最动荡的地区。油价涨跌往往会引起人们的关注。油价的不稳定性几乎完全是美元浮动的结果。记住，不管报纸上怎样报道，"石油危机"从来没有真正发生过。1971年以来，

1 盎司黄金可以买到的石油一直都是 15 桶左右，因为黄金价值是恒定的，黄金价格上涨并不代表黄金供应减少，而是美元贬值。反之，黄金价格下跌则意味着美元升值。美元走弱，黄金价格上涨时，石油价格也会上涨。

正如史蒂夫·福布斯观察到的，"自 20 世纪 40 年代至 1971 年间，美元兑换黄金比率固定，石油价格也没有任何波动"。这种情况符合大家的期望：美元稳定，油价也会稳定，而且价格便宜。1971 年以前，大家不需要通货交易市场，同样，当时也没有必要针对美元计价的大宗商品做避险措施，以防价值剧烈变动。

当美元开始浮动，大宗商品交易也跟着通货交易一飞冲天。芝加哥商品交易所前主席利奥·梅拉梅德在 2007 年指出，布雷顿森林体系金本位制的废除，为芝加哥商品交易所金融期货的推出提供了理论基础。浮动汇率吸引许多人才进入外汇市场，同样，它也吸引了另外一些人才进入商品交易领域，经济体失去了更多的人才。而这些行业存在的目的，只是为了抑制整个美元浮动带来的一团混乱。

在以黄金定义的美元之下，石油、小麦、肉类制品价格相当平稳，然而，一旦美元失去稳定，这些大宗商品便如脱缰野马，价格就会出现急剧波动。如今，很多人把对冲基金及其他杰出的金融产品妖魔化，然而，是美元的浮动令金融的复杂演变成为必然。举个例子来说明，航空公司需要切实掌握燃油价格，美元浮动却将喷射机燃油价格推向剧烈波动之列，为此，航空公司必须挪用宝贵的资源——本来可以用来服务消费者的资源，用来对付交易商，以确保在燃料市场处于有利位置。

美国汽车业的历史学家发现，这个行业的长期低迷可以追溯到 20 世纪 70 年代初期。美国汽车制造商擅长制造配备空调、非常耗油的大型汽车，这是他们的比较优势。1971 年，美元与黄金脱钩之后，美元的贬值速度犹如自由落体，油价则迅速上涨。一时间，通用、福特、克莱斯勒等大排量汽车失去了竞争力。读者若想体会每加仑汽油的价格如何变动，不妨看看《最后一场电影》这部片子。有很多作家写过美国汽车行业的挣扎，但导致这种现象的主要因素却经常被忽视。这个行业最惨淡的时候是 20 世纪 70 年代和 21 世纪初，也是美元走弱，油价飙升的时候。

有些人对这些证据视若无睹，坚称弱势美元有助于美国汽车制造商的出口。正如达特茅斯学院的道格拉斯·欧文指出的那样，美国汽车制造商必须依赖进口零配件来制造汽车：

> 30% 的汽车价值源自韩国的装配，17.5% 的价值源自日本的配件，7.5% 的价值源自德国的设计，4% 的价值源自新加坡的零件，2.5% 的价值源自英国的广告和营销服务，还有 1.5% 的价值源自爱尔兰的数据处理。说到底，一辆美国汽车只有 37% 的生产价值来自美国本土。

美元贬值意味着进口商品更加昂贵。消费品不是一个人或一家公司能够做出来的，我们享受着的每一样商品，都是世界各地工人通力合作的成果。此外，如果美元走弱，美国工人会要求得到更高的报酬。最后，所有企业赚的都是美元。那么美元走弱会给他们带来什么好处？如果投资者知道美元有可能贬值，还会有人来投资美国公司吗？

因美元浮动而受害最深的往往是美国消费者。企业至少能通过通货交易减轻美元贬值带来的伤害，可是普通消费者就没这么幸运了。2001 年，1 美元可以买到 1/250 盎司黄金，现在还不到 1/300 盎司。面对这种多数美国人缺乏保护利益的方法和经验，只能忍受高价格，还有一直在上升的日常开销，这些仅仅是悲惨故事的一部分。

通货膨胀本质就是美元贬值，而用来衡量美元健康与否的可靠工具就是黄金。下一章节我们将讨论过去 13 年来，通货膨胀和通货紧缩的意义如何被曲解，以致模糊了货币的谬误。然后，将进一步探讨美元贬值所造成的经济灾难。货币浮动是经济学界与政治阶层最严重的罪状之一，这些人本该捍卫美元的价值。

# 第 20 章

## 别被电脑、录像机的价格涨跌所欺骗，它们并不是通货膨胀或通货紧缩的信号

因此，让我们记住（各种现象也经常会提醒我们），价值普遍上涨或下跌是矛盾的；价格普遍上涨或下跌，只不过是因为货币价值在变动。

——约翰·斯图尔特·穆勒《政治经济学原理》

布雷特·斯旺森是印第安纳波利斯市的一位未来学家，也是乔治·吉尔德多年的合作伙伴。

几年前，斯旺森开了一家研究机构，名字叫熵经济学。乔治·吉尔德说："熵是企业家把自己的想法转化成实际成果的过程。"也就是说，企业家一直在努力创造能改变人们生活的高熵概念——癌症治疗方法、平板电脑或新交通方式等。

企业家在追求改善人们的生活之余，通常也希望在这个过程中致富。将头脑中的想法转化为可以销售的产品，需要低熵的经济环

境，也就是稳定、开放、可以预测的环境。本书的主题正是低熵环境。人类的欲望无限，加上政客们消除阻碍生产的障碍时，欲望会比较容易得到满足。现在政府已经成为阻碍生产的高熵障碍。美国应该改变目前的税收、监管、贸易和货币方面的做法。在这4个领域，我们需要政府放松干预，给予自由，以便实现高速增长。

在前文中我已经阐明以下4点内容。

（1）税收加重了工作和投资新公司负担。此外，政府支出本身就是税。从私人企业抽取的资源，剥夺了企业家的资本，也剥夺了普通劳动者的工资。

（2）监管不起作用，是因为让能力和才华不足的人去预测连行业内杰出人才都难以预料的事情。

（3）贸易是人们工作的动力，是为了得到自己想要拥有的东西。进口税是对工作征税，并阻碍了自由贸易所促进的生产专业化。

（4）货币能够让生产者度量他们交易和投资的价值（下一章会进一步讨论投资）。当货币成为不稳定的度量工具时，经济体就失去了组织经济活动可靠价格信号。


乔治·吉尔德和布雷特·斯旺森希望让税收、监管、贸易和货币成为商业的低熵环境，尽可能不予以干涉。我与他们的看法一样。假如大幅限制政府干预经济，企业家就能够发挥生产力追求，提高人们生活水平的高熵概念。政府机构有一些糟糕透了的经济失误，究其原因是错误解读了通货膨胀和通货紧缩。

2009年，AFG公司举办的一次会议上，（因为公司旗下的共同基金机构斗牛士研究与交易的关系，我与他们有工作上的往来）

斯旺森展示了 1989 年的 Tandy 5000 台式机的广告，广告中称它是："史上最强计算机！"该机器售价 8499 美元，这只是主机价格，不包括显示器和鼠标。当然，那个时候它是很好的电脑，但按现在的要求看，这台计算机是完全达不到标准的。现在最基础的戴尔台式机的速度也比它快得多，性能更强大，包含显示器和鼠标在内，售价仅 449.99 美元。并且 2000 年，一台 50 英寸纯平高清电视机的价格是 2.5 万美元。现在一台 50 英寸纯平高清电视机，售价仅为 549.99 美元。

在市场经济中这样的故事很多。最原始的手持电话摩托罗拉，也就是我们在第 7 章中提过的 DynaTAC 8000X 手机，在 1983 年初上市的时候，售价 3995 美元。如今再看那些 20 世纪 80 年代的科技产品感觉十分低端，但同样，过不了多久，我们就会觉得 iPhone6 既简陋又昂贵。

20 世纪 70 年代，索尼公司出品的 Betamax 录影带算是奢侈品，售价超过 1000 美元。但后来的结果证明，VHS 因视频格式比 Betamax 更受人们喜爱，Betamax 遭到淘汰。以前，消费者观看电影，用的是笨重的录像带和放映机，现在人们肯定是要被嘲笑的。现在我们有 DVD 播放器和流媒体，索尼的 HDMI DVD 播放器在沃尔玛网站上售价不到 50 美元，并且免运费。

这些故事告诉我们，今天的奢侈品以后每个人都将享有。如果政府是低熵的经济投入，发展的速度会更快。这些事例也说明，有钱人提供资金给有创意的人，高价购买刚研发出的创新产品，扮演"风险资本家"买主的角色，为企业家创造诱因，促使他们想办法如何以低价销售昂贵的产品。但是，所有这些价格下跌的故事与通货膨胀和通货紧缩有关系吗？其实关系不大。

这些故事真正告诉我们的是价格下跌表达了消费者新的需求，而不是通货紧缩的标志。诚如穆勒所说："新愿望越来越多，开启了满足愿望的可能性，生活就变得越发有滋有味。"几百美元就能买到平板电视，预示着消费者现在又在观望下一个想买的大件物品了。如今，超高清电视已经上市，零售价格在 2.5 万美元左右，但是它的价格在未来几年内肯定会大幅下降。

价格暴跌不是通货紧缩，因为储蓄行为并不会脱离需求。电视机降价只会让消费者省出钱来购买其他想要得到的东西。如果从买电视机省下来的钱没有花掉，那么它们就会通过储蓄让其他人使用——或者是有短期资金需求的消费者，或者是想到方法把超高清电视机的售价降到 500 美元的企业家。

如今，关于美联储的新闻大多与中央银行害怕通货紧缩有关。各种媒体对消费的关注，令美联储官员担心价格下跌会导致消费者推迟消费，进而价格持续走低，削弱经济。但这只是一种幻想。美联储认为储蓄就是不消费，但实际情况并非如此。正如我们在第 6 章所讲的，银行以吸收存款或借债的方式向储蓄者借钱，立刻把钱贷出去，于是借来的负债就变成银行家的资产。

价格下跌在市场经济中很正常，并不会抑制消费。苹果公司制造的第一代 iPhone 手机零售价格大约在 500 美元，可是现在，消费者通过无线电信业者购买新款 iPhone，价格比这个低很多。消费者很清楚，价格下跌是趋势，竞争激烈的高科技产品尤其明显。然而，即便如此，每一次苹果公司推出新一代 iPhone 时，消费者还是甘愿排长队去抢购。

1967 年，第一届超级碗门票售价 12 美元，2014 年超级碗门票价值 1000 美元，但实际上，入场观众平均要花 3552 美元才能买得到门票。这难道是经济学家所说的通货膨胀吗？虽然有很多经济学家可能认为这可能是通货膨胀，但并不是。如果对某些物品的需求大，它的价格就会大幅飙升，比如超级碗门票，相对的消费者可用于购买其他商品的钱将会减少，因此其他商品的价格就会下降。由于价格一直都在消费者偏好和生产能力提升等多种因素调整，所以价格涨跌隐藏着很多市场信息，却不能预示通货膨胀或通货紧缩，这两者关乎货币价值的变动。

举个例子，假如医学发现橙子能够大幅降低心脏衰竭的可能，那么人们对橙子的需求就会飙升。但是如果人们为橙子支付更高价格，人们用来购买其他物品的钱就变少了。所以其他物品的价格就会下跌。这种变化并没有牵涉到通货膨胀，只不过是消费者的需求改变了。今天想买 VHS 录像机的人，用不了多少钱就能得到，因为很少有人想要这东西，但你不能说这是通货紧缩。此外，为适应不断变化的需求，市场总是在调整。如果人们对拉斯维加斯酒店房间的需求急剧上升，价格一定会上涨，这就是市场在向企业家发出信号，告诉他们去拉斯维加斯修建更多酒店。所以无论价格涨跌，都不是衡量通货膨胀或通货紧缩的有效工具。

2007 年 3 月，伯南克在斯坦福经济政策研究中心发表的演说中指出："我们并没有多少依据，来推断出全球化能显著降低通胀的结论。"他的论点是这些新的工人对商品和服务的需求也会增加，从而推高物价。

伯南克忽略了重要的一点，那就是所有需求都是供给决定的。供给与需求互相平衡，让新劳动力进入市场所产生的压力得到了缓解。

这说明，经济学界已经是徒有虚名了。储蓄为企业家提供资金，将甲的消费能力转移给乙——这个观念再怎么强调也不为过。这是最简单的财富重新分配，可是经济学家却完全忽略了这个事实。

2007年，在伯南克之前的美联储前主席阿兰·格林斯潘在《动荡的年代》一书中断言："向出口为主的沿海省份转移的劳动力不断上升，将使得发达经济体的工资（物价）上涨程度变得缓慢。"

我已经强调过某些产品价格下跌并非通货紧缩，相反，价格下跌刺激新的需求。消费产品的价格并非衡量通货膨胀压力的恰当工具。

经济学界中有很多人认为经济增长是造成通货膨胀的根源。这个理论很容易就能被驳倒，但在美联储还是非常流行。我们不妨来检验一下。

通货膨胀是总需求超过总供给的这一理论可以通过菲利普斯曲线体现。2008年，美联储前副主席唐纳德·科恩在一次演讲中说道："传统菲利普斯曲线模型至今还是通货膨胀学术研究和政策制定的核心考量。"科恩还补充道："要想将全面性通货膨胀立刻拉回物价稳定的低通胀率，短期可能必须忍受较高的失业率。"可以理解了吗？美联储认为，当失业率太低时，美联储的任务就是设法实现经济放缓，以便抑制通货膨胀。

科恩说得没错，像他一样坚信经济成长是通货膨胀原因的人不在少数。这是对美联储和经济学界共同的严厉谴责。格林斯潘在《动荡的年代》中不断指出，经济增长与失业率下降是通货膨胀的根源。他总结道："经济高速增长、乐观、高就业率，这些都是应该小心通货膨胀的理由。"

伯南克与科恩和格林斯潘观点一致。2003 年，他还是美联储副主席时，就在演讲中谈到未来通货膨胀的可能性，警告道："经济的低迷程度可能比我们所想象的低，通货膨胀可能早于我们的预期出现。"2005 年 7 月，在他被任命为美联储主席的几个月前，伯南克在《华尔街日报》的专栏文章中提到："我们已经拥有在不引发通货膨胀压力的前提下，实现高就业的水准。"他说的是对的吗？

要讨论这个议题，最理想的着眼点就是就业。伯南克、格林斯潘和科恩都公开表示过，失业率一旦降低，就会引发通货膨胀压力。这种说法初听似乎合理：如果劳动力短缺，雇主就不得不提高工资，劳动力成本的上升将推高商品价格。

不过通过进一步仔细分析，就会发现这样的假设站不住脚。首先，未来工人的数量不是固定的，如果对劳动力需求的增加，带动薪资上涨，那么就有更多的人愿意工作。举例来说，石油储备丰富的地区工资上涨，就会吸引其他州的强壮劳动力。

福克斯财业新闻主持人卢·多布斯喜欢批评把就业机会转移至海外的美国公司，这似乎成了他的第二职业。我在第 16 章阐述过，外包或境外生产的结果，造就了美国工人的工作改善、工资提升。这些暂且不谈，只要美国公司能够在世界各地找到充足的劳动力，国内劳动力市场就不会产生薪资压力，简单来说，就是当政策制定者暗示失业率下降会引起通货膨胀时，他们忽略了美国公司可以雇用世界各地的劳动力。

还有，劳动力出现短缺时，市场自己也会寻求创新的解决办法。现在大多数美国人在购买电影票、飞机票或在银行存取款时，根本不需要人士服务。零售商店和杂货店也提供自助结账方式。除了这些调整之外，移民也为美国带来了新的劳动力。

2006年，伯南克就任美联储主席，而后，联邦公开市场委员会发布了一系列新闻，多是下面这段话的各种版本："尽管美联储希望通货膨胀能够减缓，但高资源利用率使得通货膨胀压力持续下去。"美联储认为，如果经济真的开始增长，需求过度可能耗尽生产产能，导致价格上涨。

他们的顾虑看似合理，毕竟供给和需求确实会影响定价。然而产能就像劳动力一样是可变量。产能短缺是一个信号，提示生产者应该提高产能，而美联储却只是假设产能固定不变。此外，制造商一直在设法改良制造技术，从现有资产创造出更多利润。比较一下20世纪初期的福特汽车工厂和今天的汽车工厂，现在的工厂生产变得更加高效。

最后，美国公司借用世界各地的产能，制造出消费者需要的产品。当美联储担心国内产能不足造成通货膨胀压力时，依据的只是美国的制造产能仅限于50个州。

经济增长让人们有工作可做，让人们更加有钱，但是，断言经济增长导致通货膨胀的依据是美国经济（或任何一个国家的经济）局限在一个孤岛上。

现实情况是世界经济相互联结，工资和产能的压力不会致使物价上涨，即使出现某一领域的上涨也只不过降低了其他领域的需求。此后，经济增长和生产就有关了。"具有生产力的经济活动可能引发通货膨胀"的观点违反了"一切需求均源自供给"的基本经济法则。

美国劳工部统计局计算的消费者物价指数（CPI）最常被用来衡量通货膨胀，这又是怎么回事呢？CPI衡量的是家庭在市场上购买特定消费产品与服务的价格变动情况。当然，凭借这一描述就能说明它为什么无法成为衡量通货膨胀的有效工具。假如人们花更多钱买超级碗门票，那么他们购买衣服和香烟的钱就相应地减少了。如果生产力提高使平面电视价格下降，人们就可以把节省下来的钱拿来买耐克产品以及苹果公司的新产品。

如果CPI加大科技产品的比重，物价指数变动的幅度就会低于偏重汽油或牛肉的消费项目组合。至于所谓的核心CPI，并不统计实物和能源，事实扭曲的程度就更严重了。食物和能源以美元定价，在大宗商品市场上的价格时刻都在波动，对美元价值变化最为敏感，但却被排除在通胀的计算之外。只对汽车和食品施加高权重的CPI会告诉人们十几年高通胀情形；但对电脑和手机赋予高权重价格的CPI，则达不到这个功能。

更糟的是生产商不用提高产品售价，也可隐形提价。2009年，吉比花生酱新推出凹陷造型的瓶身，容量减少了9%，价格不变。每天去星巴克购买酥饼的史蒂夫·福布斯在2009年观察到，星巴克酥饼类产品的价格虽然没有变，但是酥饼的尺寸却变小了。

再来看一看，1989年定价8499美元的谭迪5000型桌上电脑，与现在零售价低于500美元的戴尔台式电脑相比，后者的功能更加强大。由于缺乏合理比较两台电脑的方式，要想用消费品价格记录通货膨胀就十分困难。同样，2015 年出厂的宝马 535i 装置也比 2012 年款大幅提升，2009 年的老款车就更没法比了。使用一篮子产品组合来衡量价格压力，造成的问题远超过解决的问题。

CPI 完全就是联邦官员意志的产物。2011 年《华尔街日报》报道，"印度 CPI 指数中，食品占比 47%"。毋庸置疑，如果美国的 CPI 也像这个国家一样，食品和汽油占据如此高的比重，那么现阶段，美国的通货膨胀率一定非常高。

由于各种不同的因素，产品和劳动力价格一直不断波动。企图通过电脑和电视机的价格、失业率高低、全球化的程度，或从联邦政府选择的一篮子产品组合来预知通货膨胀或通货紧缩，结果只能是徒劳。同时，这种做法还很危险。我们都知道，美联储向来重点关注消费，要把 CPI 通货膨胀率维持在每年 2%。美联储难道是希望物价在 36 年内翻番吗？

通货膨胀除了美元价值下跌外，没有其他任何意义。衡量美元价值最好的方法是看它能兑换多少黄金，因为黄金由美元计价，是受供求影响最小的商品。由于黄金价值恒定，所以市场人士认为，用它来衡量货币价值是最好的办法。

# 第 21 章

# 真正的通货膨胀是货币贬值，
# 这是对经济的狠狠一击

现在如果不投资金融资产，未来就无法产出。因此，资金若转进有形资产，即可预见未来产量将会下降。

——布莱恩·多米卓维克《经济学大破裂：引发供应学派革命并恢复美国繁荣的叛逆者》

若想摧毁一个国家，必须先摧毁它的货币。

——亚当·弗格森《通胀》

电视台转播超级碗赛事，在转播期间可以收取巨额广告费。2001 年，在这个时段投放 30 秒广告的费用是 210 万美元，但是 2014 年，每 30 秒的广告费用已经涨到 400 万美元。这个数字不仅说明 NFL 赛事越来越受欢迎，也预示买下转播权利的电视台获利十分丰厚。

尽管如此，读到此处的读者们可能已经对于任何以美元计价的东西都产生了一种疑虑。如果我为了让自己身高 12 英尺而把 1 英尺减半，我的身高还是 6 英尺。把这种逻辑用在对美元的思考上，虽然大部分美国历史中，美元对黄金价值是固定的，但过去 40 年来，它是不断浮动的。那些超级碗广告费数字究竟有多大意义？

2001 年 1 月，1 美元可以购买 1/264 盎司黄金。2014 年的超级碗举行的星期天，美元大幅缩水，1 美元只能买到 1/1250 盎司黄金。大部分经济学家或学者会告诉你，自 2000 年以来美国就不存在通货膨胀，可惜他们所依据的消费者物价指数排除了最可能反映货币性错误的商品。

过去 13 年来，美元大幅下跌的经济后果值得注意，特别是考虑到自 1971 年以来美国在货币方面的经验，就更值得关注货币贬值是通货膨胀，美元浮动在这 43 年中的故事值得我们快速回顾一下。

有一天晚上我正在看 ESPN 频道，突然被名人堂四分卫史蒂夫·扬的一句话吸引。他说他和已故的比尔·沃尔什得出一致结论：经验丰富的专家不用看其他的，只需要观察四分卫膝盖以下的动作，就可以预知比赛胜负。

同样，如果你在洞穴中，无法接触外面的世界，这时，如果只让你通过一项经济指标来判断目前的经济运行情况，那么，这一项指标最好就是美元兑换黄金的价格。20 世纪 80 年代，德国中央银行总裁奥特马尔·埃明格尔曾经断言："美元是世界经济中最重要的价值。"他说得没错。最能呈现美元价值的指标，就是它兑换黄金的价格。有了这项基本知识，哪怕是深居洞穴里的人们，也可以对美国及世界其他地区经济的健康状况有一定的判断能力。

1971 年尼克松总统做出了一个错误决策，切断美元与黄金的关联，他想要的是比较弱势的美元。与黄金脱钩后，美元开始下跌，黄金价格则不断上涨。

财经撰稿人约翰·布鲁克斯在《纽约时报》上指出："当总统和他的顾问们采取严厉措施时，他们可能根本不清楚自己在做什么。"确实如此。没过多久，结果显现，他们制造了经济混乱。大宗商品价格历来都很平稳，而且价格便宜（只有 2.3 美元），但是此后便开始飙升。20 世纪 70 年代初期的危机并不是石油危机，只是美元危机。仅从 1972 年到 1973 年，每桶油的价格就上涨 300%，肉类价格每年上涨 75%，每蒲式耳[1]小麦的价格上涨了 240%。

从 1971 年到 1973 年，联邦基金利率上涨了 450 个基点，然而住房市场没有受到影响。在尼克松的第二任总统期内，房屋成为头号的资产类别，经济意义重大。投资人永远都在寻求最高利润点。他们投入资金，是在购买未来的收益流。而美元价值直线下跌时，代表未来财富创造的股票和债券收益流就不像过去那么吸引人了。于是，投资人不禁要问自己一个非常直接的问题：如果未来的回报以严重贬值的美元代替，那么为什么还要把资金投入这个行业？在这种情况下，最佳投资便是最不会遭受贬值影响的硬资产，例如，土地、艺术品、邮票等任何有形资产。这都是已经存在的财富，资本转向已经存在的财富，以对冲美元贬值，这是一个强劲的信号，

---

[1]　一种英制计量单位。蒲式耳与千克的转换在不同国家，以及不同农产品之间是有区别的。

意味着创造尚未存在的财富是得不到资金支持的。美国贬值引发对未来投资的冲击，只对已有的资产有力。

尼克松执政时期，房地产的繁荣是一个令人担心的经济信号。奥地利学派经济学家米塞斯称这种现象为"飞向现实"。尼克松在货币政策上的错误使股票和债券市场失去吸引力，房地产等硬资产则成为受益者。房屋是有形资产，你可以住也可以卖，换句话说，它是相对安全的。

每个人都把钱拿去投入房地产市场，原因在于住房支出是消费，像文森·杨格的30万美元派对一样。不会让你的资金更高效，不会开拓市场，也不会研发出癌症治疗方案。投资房屋、土地、艺术品和其他有形资产的行为，相当于橄榄球中的防御防守——旨在避免损失的保守战略。问题是经济发展需要有愿意尝试新想法的投资者，这些新想法可能会带来巨额回报，也可能失败。

美元的持续贬值，让投资者进入防御模式，以确保自己的财富不受贬值影响。失去了对新想法的投资，尼克松任期内的经济低迷。

美元贬值一直持续到吉米·卡特就任总统。整个20世纪70年代，美元对黄金和日元的价值都在暴跌，卡特的财政部部长迈克尔·布鲁门撒尔在1977年6月的一次演讲中，暗示美元对日元的汇率过高了。这表明卡特总统希望要更弱势的美元，市场应声而为。卡特就职时，1盎司黄金的价格约为140美元，到1979年每盎司黄金价格达到220美元，到1980年1月更是达到875美元。

不出意外，"石油危机"又一次引发美元贬值。从1975年到1979年，每桶石油的价格上涨了43%。然而，这些危机并不是全球现象，有些国家不盲从美国的货币贬值。在这4年内，以德国马克计价的石油价格每桶仅上涨了 1%，以日元计价的石油价格上涨了 7%，以法郎计价的石油价格甚至不涨反跌。

在美元贬值的 10 年中，股票市场指数原地不动，创新型企业不见踪影。1968 年，有 300 家高科技初创公司，但 1976 年一家也没有。IPO 首次公开募股代表着未来的公司，从 1974 年到 1978 年，平均每年只有 28 家公司首次公开募股。反观 1986 年就有 953 家首次公开募股。高昂的资本利得税是 IPO 减少另一个大原因，但美元贬值就像对投资征税。请记住，当投资人把钱放进股市，其实买的是未来的美元收入流。

采取防守模式的投资人收益倒是很不错。戴维·弗鲁姆这样描述 20 世纪 70 年代："假如你有胆量借入大量闲余现金去购买硬资产——如土地、艺术品、贵金属、珍贵的邮票集——你就能在 70 年代大赚一笔。"弗鲁姆还注意到，当《福布斯》杂志"1982 年首次发布美国 400 富豪榜时，其中有 153 位是通过房地产或石油行业获得财富，而 1998 年的富豪榜单中，来自房地产或石油行业的富豪只有 57 位"。

1998 年，乔治·吉尔德《财富与贫穷》一书中总结了过去的十年："2400 万股市投资人接连遭到通货膨胀与税收打击，但是 4600 万购房者却靠房产抵押取得贷款，扣除利息税后，他们用首付款获得的收益率比黄金或外汇的投机更高。"他还引用了一篇《财富》杂志 1978 年的调查报告，发现新的百万富翁中有半数来自房地产行业。石油也是高回报的投资。得克萨斯州米德兰市拥有丰富的石油资源，劳斯莱斯经销商是该地最著名的石油名牌之一。

你也许会认为美国的普通人不关注美元，更不用说用美元兑换黄金的价格。但普通美国人会遵循市场的价格信号。当股市一片红火时，美国普通人讨论的多是关于股票的话题，但是在美元疲软时的 20 世纪 70 年代，谈论的话题都是关于房地产和石油行业。美国人纷纷把资金投入受贬值影响最小的领域，所以房地产、石油和硬资产价格飙升，而代表着投资未来财富创造的股市却低迷不振。

20 世纪 70 年代的美国经济就好像迈克尔·乔丹离开自己最擅长的篮球，改成自己不擅长的橄榄球。房地产市场是投资的保守选择，并不是在追求人类生活质量的提升和进步。流入石油行业的投资就好像勒布朗·詹姆斯放弃篮球生涯，转而去打近端锋。美国完全可以进口其他国家的低利润石油，自己专心生产高利润的科技产品，可惜政府却拿石油价格当市场信号诱惑人们去追求低利润的工作和投资。石油价格久居高位，是美元贬值造成的结果。

房地产的疯狂导致了企业资金短缺。萎靡不振的股市和经济毫无起色的 10 年，充分说明了美元贬值会造成什么样的损害。幸运的是罗纳德·里根挽救了大局。

1980 年，里根竞选总统期间最重要的莫过于他的宣言："历史上没有哪个推行无贵金属支撑的法定货币的国家还能生存。"我们从尼克松和卡特身上了解到，总统能够调控他们想要的美元。1980 年 1 月，美元跌出历史最低点，每盎司黄金涨到 875 美元。当里根在共和党竞选中获胜时，金价开始下跌，美元渐渐走强。市场价格永远紧盯着未来，由于里根相信美元与黄金脱钩的政策是错误的；而大众对新总统预期使美元开始反弹。

里根总统任期内的经济政策做了大幅调整，卡特总统已推动放松管制，里根延续该政策，所得税率从最高的 70% 降到 28%，而美元价值上升反映石油价格重挫（1986 年每桶跌到 10 美元）。里根虽然在自由贸易上经常犯错，但在经济增长四大基本要素中，能保证三项是正确的也很不容易。

里根总统任职初期，经济陷入严重衰退，但有清洗作用，因此不可或缺。虽然短期很痛苦，可是不景气表明经济正在进行修正，自行清除所有不良企业、不良的投资与不恰当的劳动力配置。因此，当政府退居一旁时，经济会在衰退后强烈反弹。20 世纪 80 年代初的经济衰退就如同乔丹结束橄榄球界的尝试，重返篮球界并夺得冠军。

对投资人来说，比较强势的美元使房地产和能源的吸引力下降，而他们对未来美元收入流充满信心。因此，他们将资金重新转回股市。新总统不再像尼克松和卡特（杰拉尔德·福特总统的任期太短，鉴于我们的论述目的，这里对他们的举措不做借鉴）传输弱美元导向，投资者终于能安心地放弃防御性投资，转而对未来生产和财富创造进行投资。20 世纪 70 年代停滞的市场迅速回温。尽管里根没有建立美元的强势角色，重新成为由黄金定义的稳定工具，但是在他的任期内，美元走强为经济带来了很多好处。20 世纪 80 年代，经济繁荣，标准普尔 500 指数飙涨 222%，金价下跌 52%。长达 10 年的美元噩梦结束了，高利润公司如微软和思科再度成为美国人投资的受益者。

从很多方面来看，老布什乔治·H. W. 布什延续里根的经济政策。不过，从经济与货币角度来看，最有趣的发展莫过于比尔·克林顿的总统任期。1999 年，克林顿的第二任期即将结束，自由派历史学家理查德·里弗斯认为："实际上里根仍在执掌这个国家。

克林顿总统在他的影响下执政，试图在保守派的橡树下开创自由派的花园，他确实有一些成就。"

　　克林顿在 1993 年提高了所得税率，不过只是把最高边际税率从 31% 提高到 39.6%，但他承认，高达 70% 边际税率的时代已经一去不复返了。另外，克林顿在 1997 年将资本利得税（投资新公司的成本）从 28% 降到 20%。在贸易政策方面，克林顿和共和党联手通过北美自由贸易协定促成美国、加拿大、墨西哥之间贸易往来自由化。

　　克林顿的美元政策可圈可点。罗伯特·鲁宾 1995 年加入内阁，成为克林顿的财政部部长，自此，克林顿有了一位深信强劲的美元是美国的利益所在的支持者。鲁宾用实际行动支持这项政策，也可以说他是用不作为表示支持。1997 年，经济学家罗纳德·麦金农和大野健一在合著的文章中赞扬鲁宾，说他就任之后没有一位负责任的美国政府官员曾抱怨美元汇率太高。总统能够调控美元，当克林顿政府希望美元强势后，美元和经济都有飞跃。甚至连保守派都很认同克林顿的美元政策。认为通货膨胀实际上是美元贬值，是对投资的打击。自由市场经济学家劳伦斯·库德洛在 1996 年高度赞扬克林顿，认为他的美元政策十分正确：

　　　　全球股票市场复苏背后最有意义的、星际无敌的、天外飞来的、宇宙无限的、超乎世俗的唯一力量，就是 30 年来未曾见到的通货膨胀率下降。近年来，美国政府和许多工业国家都提高了税率，阻碍了储蓄的增长，但通货膨胀率的下降抵消了通货膨胀。通货膨胀就如同对货币、财富、收入和工作征税，是对储蓄的破坏性征税，但低通胀是减税，金融资产的价值会提升，稳定价格就是对耐心的储蓄者和投资者的回报。低通货膨胀刺激资本形成、鼓励初创企业、促进增长。成长不会导致通货膨胀，反而是低通胀成就增长。

库德洛用这段话解释了克林顿执政时期的经济繁荣的原因。联邦政府从 20 世纪 90 年代中期开始支持强势美元，其影响深远。许多保守派一直认为，克林顿只是很幸运，恰好遇到了互联网兴起的时机。他们的这种想法是错误的。

互联网繁荣离不开克林顿的美元政策。货币贬值时，投资者就会采取防御策略，以确保资金安全。但如果他们确信投资不会被货币贬值侵吞，他们就会敢于承担风险。克林顿的强势美元为硅谷正在发展的高熵创新提供了低熵背景。

美元是世界上重要的价格，它的价值影响着全球通货趋势。当美元强势时，其他通货也进入全球繁荣。我必须再次强调，货币只是计量的单位，在完美的世界中，货币既不弱也不强，而是恒定不变的。因此在里根—布什—克林顿时代，美元虽然没有回归恒定价值，但路易斯观察到，从 1982 年到 2000 年，"美元与黄金的价值大致稳定，每盎司金大约 350 美元"。

美元的稳定带来了经济的繁荣。20 世纪 80 年代和 90 年代，对工作征收的赋税降低了，政府的支出减少了，监管的侵害性小了，自由贸易扩大了，美元既强势又稳定。这些都是经济增长的基本要素。股票市场从 20 世纪 80 年代开始上扬，一直持续到 20 世纪 90

年代。标普 500 指数[1] 在 20 世纪 90 年代就上涨了 314%。

那么后来又发生了什么呢？一个如此繁荣的经济体是怎么陷入增长放缓、股市疲软，并在 21 世纪爆发金融危机的？为什么全球最富裕的国家对经济都失去了信心？

正如史蒂夫·扬和比尔·沃尔什观察四分卫的脚下功夫一样，我们可以通过美元探究一下。总统总是能操纵美元，2000 年，小布什乔治·W. 布什当选总统，他改用弱美元政策祸及了美国和全世界。财政部部长是美元的"代言人"，他们必须谨慎自己的言行，因为他们的话语可以影响美元的走向。小布什的第一任财政部部长保罗·奥尼尔强调，强势美元不是最优选项。他的继任者约翰·斯诺延续支持这个偏重弱美元的政策，他在 2007 年的八国集团（G8）大会上质问："弱美元有什么不好吗？"

老布什政府对外国钢铁、木材和虾征收关税。卡特（必须指出的是还有里根）一直对疲软的日元不满，小布什上任后，也抱怨人民币疲软。他们的言论是一个明确的信号，透露出政府希望美元走弱，市场应政策而行。投资者没有实力跟控制美联储的总统作对，无论你对阿富汗战争和伊拉克战争持什么意见，战争和优质资金并不总是齐头并进。

美元开始下跌。2001 年小布什总统于宣誓就职时，1 美元可以买到 1/266 盎司黄金，到了 2008 年，1 盎司黄金已经涨到 940 美元。这段时间，石油价格也大幅上涨，最终达到历史高点，每桶 145 美元。1998 年，每桶石油价格只有 10 美元，2001 年的价格则是 25 美元，

---

[1] 标准普尔 500 指数，反映全球股市表现的指数。

这些都不是石油危机，而是美元危机。以美元来计算，每一桶石油的价格上涨了 459%，但若以其他货币计价，油价虽然也涨了，但是涨幅远没这么大。以瑞士法郎计价时，每桶油价上涨了 216%，以欧元计价则上涨了 198%。

大宗商品在全球各地的市场上，价格分分秒秒都在波动。它们都以美元计价，当美元对黄金贬值时，大宗商品的价格也就会像石油一样上涨。一些新闻指出了这个问题，"如盗铜贼般猖獗，多个州与之宣战""铜：一些窃贼的战利品"。当 1 美分硬币中铜的价值超过 1 美分时，就有议员提出了一项法案，要求推翻美国国库禁止熔化分币的规定。20 世纪 70 年代经济发展缓慢增长的历史重演。未来的财富源自对股市的投资，但现在，已有的财富更加具有吸引力。

小布什执政初期，股市确实有过起色，但是比不上 20 世纪 80 年代和 90 年代的收益水平。谷歌首次公开募股时，投资人并不热情。彭博社在 2008 年 5 月报道中指出，"剔除埃克森美孚、雪佛龙和康菲三家石油公司后，美国公司的利润是过去十年来最糟糕的"。

大约在这个时期，美元贬值刺激了石油的繁荣，石油资源丰富的州涌入大量人口，如得克萨斯和北达科他。这个时期哈佛大学毕业生的收入远比不上南达科他矿业和理工学院的毕业生。卓越的工程进步——如水力压裂法和水平钻井——使之前遥不可及的大量石油和天然气储备变得可用。然而，全世界并不缺石油，价格也是持平的。在这种情况下，美国人轻率地抢进利润相对较低的能源产业，确实是 20 世纪 70 年代的历史重演，为了利润微薄的经济活动，牺牲了更能赚钱的产业。这好比迈克尔·乔丹再次放弃篮球转入橄榄球界。

历史再次重演，美国人又开始投资房地产，重蹈20世纪70年代的覆辙。它提供比股市更高的回报率，并且让你拥有固定资产。21世纪初，房地产热潮是一个经济不景气信号，与20世纪70年代一样。亚当·斯密在《国富论》中写道：

> 房产虽然能给房屋所有者带来收益，也有资本的功能。可是，房产对公众而言没有任何利益，这就不能发挥资本的功能了，而人类整体的利益也不会因之增加一丝一毫。

购买房产是消费既有财富。但能让经济增长的投资，是把资金投到创造未来的财富上。

是什么因素让人们去抢着投资房地产？左翼人士认为是对银行业放松管制造成的。右翼人士认为是阿兰·格林斯潘的决策造成的。2002年，格林斯潘将联邦基金利率下调至1%，这一决策使贷款变得容易，刺激经济发展。还有一些人直指房利美、房地美两家公司，以及所得税扣除房屋贷款利息的决定。下面我们就来逐一探讨。

放松管制的解释不能立足。约翰·埃利森指出："金融行业是一个受严格监管的行业，很可能是世界上受监管程度最严的行业。"21世纪初，银行业受到了更严格监管，包括《萨班斯—奥克斯利法案》和《美国爱国者法案》。

一些左翼人士则指责大萧条时期的《格拉斯—斯蒂格尔法案》

监管制度的废除。因为这个法案的用意是分离证券服务与商业银行业务。这种解释和放松监管的观点一样站不住脚。2008年混合式银行和投资银行是体制最健全的金融机构，应主管机构要求收购失败的贝尔斯登（摩根大通）、美林林奇（美国银行）和失败的美联银行（富国银行）的机构。但这种解释存在着一个很大的问题：这些出了麻烦的银行并不是因为开展投资银行业务失利，也不是因为承销或进行证券交易出错（至今仍被禁止）而陷入困境。这些银行的失败，是因为房屋抵押贷款敞口，与《格拉斯—斯蒂格尔法案》的废除毫无关系。正如雷戈里·朱克曼所指出的，联邦监管机构鼓励了房地产投资热潮。监管者总是最后一个发现问题的人。否则，他们就会成为做空问题银行的人，从而成为投机者。

认为低联邦基金利润率造成民众涌入房地产热潮的主张也说不通，因为这种说法假设人为调低利率代表"贷款容易"，这就仿佛政府下令令法拉利跑车的价格只能定在1万美元，那么每个人都会抢着买法拉利车一样。不会有这种现象发生，如果这样，市场上就不会有法拉利，因为公司会入不敷出。同样道理，低利率会把大量储蓄者驱逐出市场。

此外，我们先前探讨监管问题时曾经讲过，约翰·保尔森因为做房地产市场而最终赚了数十亿美元。保罗·佩莱格里尼是保尔森的员工，是他最早把这个想法告诉保尔森。佩莱格里尼仔细研究过利率和房价，并在追踪几十年利率走向后得出结论："利率对房价影响微乎其微。"

20世纪70年代，利率高不可攀，但是房地产市场却热火朝天。乔治·吉尔德回顾那10年的房地产繁荣景象，写道：

当时，人们对房地产持有投机心理……不仅他们的房子增值幅度比物价指数高了 20%，而且只要他持有少量权益证券，他们还能获得更高的投资回报率，没有人的收益会超过他们。

那么房利美公司、房地美公司和抵押贷款利息扣除的说法成立吗？其实这三者早就该废除了。联邦政府最不应该做的就是对消费提供补贴，尤其是一种降低人们流动性的商品。托克维尔在 19 世纪就观察到，美国人"生活富足却时时求变"。政府补贴购房消费，给了人们留在原地不动的诱因，可是历史上，美国人向来都为寻找最好的工作机会游走全国各地。不流动的公民很容易被征税（政府为什么这么殷勤地补贴房屋），因为当其他地方有更好的工作机会时，他们无法舍弃一切，勇往直前了。

还有更重要的一点，认为房利美公司、房地美公司和房贷利息减免导致房地产市场繁荣的观点忽视房地产热的全球性。英国没有房利美、房地美，在 20 世纪 80 年代，英国就已废除房贷利息税减免的规定，但是房屋价格一样处于高位。在加拿大，人们很难申请到住房贷款，但那里的房地产市场也很繁荣。责怪联邦低基金利率说不通，因为世界各地的利率高于美国。

既然如此，又是什么因素导致资金涌入房地产市场？如果你认真读了我对 20 世纪 70 年代的讨论，就应该知道答案了。世界各国效仿弱美元政策，随着货币贬值，房地产市场始终是安全的避风港之一。历史上有太多投资人在货币贬值时期，转向房地产市场以求保值的例子，因为投资房地产是经典的抗通货膨胀手段。亚当·弗格森的《通胀》记述了第一次世界大战后德国马克崩溃的故事，他写道："任何一个意识到通货膨胀的人，都会通过购买保值的资产来规避货币贬值造成的损失，如房地产、工业制品、原材料等。"

大卫·史密斯在《货币主义的兴衰》中探讨了 20 世纪 70 年代英镑下跌的情况。他指出："投资者最钟爱的行业是房地产开发。"英格兰银行的一份季报观察到，"20 世纪 70 年代，好像没有哪个行业能为企业家提供比房地产开发更高的收益率"。

威廉·格雷德写了一部美联储历史的著作《圣殿的秘密》，他在书中指出，卡特时期的经济"为拥有房产的中产阶级家庭带来了益处"。房屋是一项相对安全的投资，当货币贬值时，房屋比股票更能够保值。

小布什执政时期，全球房地产市场极为火热，原因是美元价值不断下滑。并且带动世界各地的货币竞相升值。20 世纪 70 年代美元贬值时，不动产、石油和不动产是经济的主动力，后来，小布什采取类似 20 世纪 70 年代的美元政策，果然，也产生了类似的结果。

当美元弱势时，资金便会呈现向有形资产流动的趋势，投资者采取防御性投资策略。反之，当货币稳定或走强时，投资者不再担心投资会被通货膨胀侵吞，所以投资就会积极起来。

21 世纪的真相是如果我们用常规的方式定义通货膨胀，即货币贬值，那么大家应该都已经明白，我们遭受了一轮严重的通货膨胀。通货膨胀绝不是经济增长的因素，而是阻碍经济增长的障碍。

正如多米特罗维奇所言，通货膨胀是一个资金流入房地产的过程，而不是将资金投入带来新的创造财富的股票和债券。21世纪初的经济疲软就是通胀的全部证据。就像四分卫的脚下功夫一样，美元对黄金的贬值也足以说明一切。

下一个问题是为什么2008年房地产降温会造成金融危机？答案是它并没有造成金融危机。我们将在下一章详细论述。

# 第22章

## 市场可以自我修正，政府干预要适当

人必须从自己所犯过的错误中吸取教训……否则无法避免错误。

——谢尔比·福特给沃尔克·帕西的信，1952年

经验只是人们为自己的错误赋予的美名。

——奥斯卡·王尔德

2005年到2009年，担任摩根士丹利银行董事长兼执行长的约翰·J.马克在华盛顿出差期间，与詹姆斯·戈尔曼通电话时说："你的第一个客户是政府。"

——《华尔街日报》2013年9月10日

2012年12月，著名的电视新闻节目主持人芭芭拉·沃尔特斯

采访刚刚年满 40 岁的杰出演员、剧作家兼导演本·阿弗莱克，她问道："如果你想给 25 岁时的自己一句忠告，你会说什么？"她本以为阿弗莱克会后悔过去犯下的无数错误，致使他在创作剧本《心灵捕手》获得奥斯卡金像奖最佳编剧奖之后沦为一个开豪车、与詹妮弗·洛佩斯约会，拍烂片的笑柄。就像《纽约日报》专栏作家罗斯·杜塔特总结的那样："接下来的 10 年，阿弗莱克彻底展示了好莱坞阴暗的一面。他出演劣质动作片、平庸舞台剧、烂喜剧片，而且得意忘形到极点，还与迈克尔·贝合作了两部烂电影。"这个评价算相当委婉了，但阿弗莱克对此并不以为然。21 世纪初，阿弗莱克的名字在一系列作品中曝光过度，几乎成了票房毒药。2003 年的《鸳鸯绑匪》上映后，差评铺天盖地，大多数人认为他的艺术生涯已经结束。出人意料的是他就在沃尔特斯采访后不久，拍了《逃离德黑兰》，并且获得了奥斯卡最佳影片奖。

对于芭芭拉·沃尔特斯提出的问题，阿弗莱克的回答出人意料。一般人以为他会告诉年轻的自己，一定要避开烂剧本和杂志，令人想不到的是他说是那些错误成就了他。失败是最好的老师，阿弗莱克的回答完全正确。

阿弗莱克的自我救赎，说明了容许失败发生是极为可贵的事情。事实上，如果阿弗莱克最初的失败得到别人的解救，帮助他脱离错误的苦海，那将是一件令人遗憾的事情，因为那些帮助会让导致他失败的行为延续下去。我们可以推断，作为演员的失败激发了阿弗莱克想成为导演的渴望。虽然各种小报拿他当笑柄，但帮助他重新认识了自己，他要证明那些批评都错了。失败是经验的另一种残酷的说法，激励当事人不断自我改进。

本·阿弗莱克的故事将我们带回了上一章。2005 年，房地产市场无比繁荣，释放了经济出现问题的信号。大量进入房地产市场的资金与最后爆发的金融危机有关，但只是间接关系。假如当时美元强势并且维持稳定，根本不会有那么多人去抢购房屋。在美元市场健康的情况下，用于创造未来财富的股票和债券应该比消费更能争取到资金，就如同 20 世纪 80 年代与 90 年代那样。疯狂地投资房产不利于经济发展，因为过度消费是经济健康发展的障碍，因此，如果当初能够修正过度的消费，就不会有后来的经济危机。

令人遗憾的是金融危机已经 6 年了，我们却还把"金融""危机"联系在一起。无论主流媒体如何宣传，这一次的危机绝对不是金融危机，也不是因为房地产市场崩溃而造成的，更不是因为雷曼兄弟公司破产而造成的。

回想一下 2010 年百视达影片公司倒闭对经济造成的影响——其料没有什么可报道的。任何有头脑的观察者都会认同，这家录像带租赁巨头企业的破产，是一种更好的商业形式取代另一种旧的形式。安然公司的破产也是如此，这家公司与全球各地的企业有金融业务，但它的破产却没有对市场和全球经济造成影响。

百视达公司破产时影响力已不大，这是事实。但是雷曼兄弟、花旗、贝尔斯登这几家银行出事的时候，其业务规模还很大，所以它们一旦破产，对经济的良性洗牌效果更甚于百视达公司的倒闭。成功的经济取决于有效率的资本配置，大企业摧毁资本时，对经济造成的伤害大于小企业。从历史上来看，假如无法接受失败，那么就会为马车制造公司提供帮助，从而牺牲福特和通用这两个刚刚起步的汽车制造公司。而如果当初我们拯救了早已倒闭的制造电脑的康懋达、凯普洛两家电脑公司，牺牲就会是苹果公司和戴尔公司。本·阿弗莱克如果得到政府资助，也许他曾经就编导和出演《鸳鸯绑匪Ⅱ》了。

贝尔斯登、雷曼兄弟和花旗破产并不是因为有效地利用了客户的资金。而是市场认定他们运用有误。那么这三家银行的失败，究竟为何会导致人人皆知的金融危机？2013年，某位前美联储高级官员告诉我，在过去22年中，花旗银行已经被救助了5次。为什么救助这家糟糕的银行会对经济有益？或者说这种做法如何能阻止一场"金融"危机？谁能来解释一下。

从逻辑上来说，花旗银行破产是铲除了一个挥霍资本的机构，对经济发展是有好处的。想要促进金融危机发生最稳当的方法就是以纳税人的钱支付这些银行使破产无限延期，花旗银行已经被证明是失败的经营方式，更别提雷曼兄弟和贝尔斯登。后来的发展证明这项推论一点都没有错。

那时许多金融机构承担着房地产市场的风险，人们说，2007年的房价修正正是导致2008年经济崩溃的危机的原因。真是这样吗？这种观点是假定大规模购买房屋是经济的发展动力，哪怕这种产品不会让人们提高效率，不会带来癌症治疗方案或发明软件，也开拓国外贸易市场。事实上，从2001年到2007年，资金大规模涌入房地产市场，而非具有生产力的企业，这才是金融危机的罪魁祸首。

众多专家指出，这场危机始于对住房价格的修正，他们完全背离了基本经济学的方向。即使最初为银行紧急救助行为辩护的人也承认，在2007年房屋抵押贷款就已经失控。既然失控现象获得修正，又怎么会引起经济危机？甚至造成经济衰退呢？我们回到现实：2007 年的房价修正，释放出经济正在自我修复的信息，所谓的修正包括金融机构破产——因为这些金融机构犯下的错误，才促成了如此惊人的房地产消费数字。

一个被剥夺失败的经济体，同时也失去了成功的机会，因为失败可以提供如何成功的经验。失败是健康发展的过程，让经营不善的企业不能再伤害经济。用体育界来打比方，就像麦克·舒拉被阿拉巴马赤色风暴队解除教练位置，为的是让尼克·萨班接任。

2008 年贝尔斯登公司的崩溃对经济增长是有益的。假如当时容许这家公司破产，它的资产管理权交给更有才能的人去管理。令人遗憾的是小布什政府的财政部和伯南克的美联储对此不忍放手，他们误以为贝尔斯登的破产会加速金融危机，于是促成了一笔削弱经济的交易：让摩根大通收购贝尔斯登，条件是美联储将承担贝尔斯登的不良资产。这样，无能的邦政府把一次有益于经济发展的企业破产推向了一场经济危机。

假如当时贝尔斯登破产了，更优秀的管理者便会以非常廉价的成本买下这家公司的资产，提高他们未来成功的概率。南加州大学橄榄球队在波特·卡罗尔的指导下重现辉煌，但卡罗尔的薪水却很低，因为曾被喷气机队和爱国者队解雇，像是一项"不良"资产。的确，当时卡罗尔的声望受损严重，所以南加大可以低薪聘用他。后来球队重新赢回胜利，也促使大学校友慷慨捐助，校方坐收红利。

本来贝尔斯登的失败可以昭告雷曼兄弟、花旗银行和所有的人救助政策不可行。陷入困境的银行接收到这个信号，就都会尽快找到买家，以避免步贝尔斯登后尘。投资银行自诞生以来，失败屡见不鲜，因此，对于其困境的解决方案，是金融机构的一个必经过程。

可惜对贝尔斯登的救助，尤其是对其交易对方的救助，等于给市场发出了一个信号，暗示着美联储愿意"拯救"陷入危机的金融机构。我们必须记得，雷曼兄弟之所以陷入危机，是因为它运用委托给它的资金的方式出了错。在正常的情况下，这种企业的崩溃值得庆贺，但是由于缓慢增长的政府干预压垮了资本主义强大的自愈能力，雷曼的破产为危机发生创造了条件。

危机之火已被点燃，证券交易中心又火上加油，禁止做空 900 种金融股票，于是火焰燃烧起来。读者想想看：卖空者进入市场，是巨大买盘力量到来的信号。当卖空者做空一只股票时，他们向股票持有人借入股票，然后卖出，并在将来以便宜的价格买回，偿还当初借入的股份。可是证券交易委员会阻止卖空后买回股票市场，使最需要的救援被拒之门外。

如果想更明白这件事的意义，不妨自问：2008 年之前的 30 年里，最重要的经济故事是什么？那就是市场经济击败计划经济。你只需要搜索一下韩国和朝鲜的夜景图片便可清清楚楚。

紧急救助会带来灾难性后果。2008 年，对金融机构的救助释放出政府的经济干预政策又重来了。摩根士丹利的领导人马克告诫他的继任者："你的第一个客户是政府。"接受政府援助后，企业的职责就不再是盈利，而是政治服务，企业财富必将受到重新分配。

20 世纪的计划经济已经溃败，2008 年那场灾难也不难理解。市场企图削减经营不善的金融机构，放出信号提醒贷款给房屋消费者的银行采取急刹车。市场原本运作得很顺利，有能力遏制金融机构追逐不良房地产投资的危机，可是小布什政府不让市场发挥作用，反而背离了市场规律。

"你的第一个客户是政府"并不是对 2008 年金融危机的感言，而是对未来的问题。当住房消费逐渐减少，经营不善的机构又允许倒闭时，市场便会出现恐慌，因为市场的定价依据是银行的宽松政策、美联储对住房消费的鼓励，还有美联储是美国金融第一客户的现实。

危机与金融相关的地方是救助削弱银行及其他金融机构。硅谷之所以成为美国最富裕的地方，不是因为硅谷的企业更善于经营，而是因为过去 50 年来不断有企业倒闭，正因为这些体制能力弱的企业倒闭了，不再占用宝贵的资本，硅谷才会那么繁盛。

救助削弱了能够促进经济发展的金融机构，从而剥夺了金融机构从失败中获取经验的机会。大量人才从银行业跳槽到避险基金，这类基金不受政府监管，2008 年也没有接受救助。纽约市依然是全球金融中心，庞大的财富有目共睹，然而"看不见的"部分是：如果纳税人不总是在挽救出错的金融机构，纽约的富裕程度还可以提高多少，还会有多少创新。

或许读者会怀疑，我如此肯定市场可以在不受政府干预的情形下实现自我修正究竟有何依据。请不要忘记当国会考虑救助时，本·伯南克发出的警告："我的学术生涯是研究大萧条，我可以告诉各位，从历史上来看，假如我们不采取积极措施，另一场大萧条可能即将来临，而且这一次会比过去更加糟糕。"2008 年，他的这个观点令很多人心惊胆战。

再来看看克什纳描写的第二次世界大战后德国的可怕情景：

> 战后，苏联运走了大量可移动的财富，东西德都遭受了损失。这个国家比欧洲其他国家更接近毁灭，痛失千百万身强力壮的年轻人，大部分家庭、工厂和商业建筑不复存在。城市成了空壳，人们住在洞穴、地窖、铁皮屋内，本来只住一家人的地方挤进了三四家人。

"二战"后，日本也面临与德国相似的情形。人力资本是经济增长中最重要的因素，其他因素都无法与之相比，但日本失去了至少一代杰出、聪明的人力资本。原子弹更将两大城市化成一片废墟。然而，战后日本迅速腾飞。克什纳写道："短短数年，德国发展成为欧洲最繁荣的国家，说它是全球之最也不为过。"美国在2008年年底遭遇恶劣的经济困境，和1945年年底的德国、日本所面对的经济全面崩溃相比，只是小巫见大巫。但是这两个国家经济很快复苏了。伯南克认为，为了顾及美国经济安全，绝对不可或缺的那些银行只占2008年金融借贷总额的20%。也就是绝大部分贷款是在银行体系之外进行的，包括公司之间的借贷，以及公司与客户之间的借贷。

伯南克夸大了拯救这些问题银行的急迫性。伯南克、小布什总统、财政部部长亨利·保尔森和国会的作为，不但削弱了被他们拯救的银行体系，而且在这个过程中制造了危机。这场危机根本跟金融毫无关系，完全是政府的错误施政酿成的。

同理，任何声称自己预言了金融危机的人都理应遭受质疑。没有人能成功预见金融危机。早在 2006 年以后，我曾多次写过，各大城市中出现抢购房屋热潮，把它视作危险的经济信号。我在 2006 年 6 月 12 日见报的专栏中，指出小布什总统任期内的经济气候类似于卡特政府时期。2007 年 10 月，我再次写道：

> 我们应该记住，20 世纪 70 年代，是住房这种资产类别最繁荣的 10 年。那时通货膨胀居高不下。由于美元价值严重下滑，在急于保障个人财富的投资人看来，房屋是最保险投资。房地产在新千年再度成为避险资产，这并不是经济繁荣的信号，现实地说，这是美元重新走弱的结果，美国人再次变成风险规避者。

这代表我预见金融危机了吗？其实并没有。我预测的不过是基本的经济学。

对冲基金经理约翰·保尔森募集了 1.47 亿美元，购买了房屋抵押保险和抵押证券的保险，他预见了金融市场一定会崩盘。最后，保尔森的这笔交易赚了数十亿美元，但他预见了金融危机吗？实际上他也没有预见到。抵押贷款、住房开发和购买房产都代表着消费。保尔森只不过预测到市场将会出现修正。住房消费意味着渴望获得资金的企业将面临资金困境。因此，保尔森的财富不是危机的成因，而是向市场发出了一个警告，如果继续消费住房和投资抵押贷款支持证券是个糟糕的主意。

那么在 2007 年和 2008 年之间，一直声称房地产市场即将崩盘的人呢？他们也没有预测到危机。如果仅从消费品市场下跌，就断定引起那样一场危机，那我们得重写基本经济学了。

用约瑟夫·熊彼特的话来说，没有资本就没有企业家，因此修正疯狂的消费都不会导致危机。而且 2007 年和 2008 年，房屋价格并没有得到多大程度的修正。刘易斯在《大空头》中指出，对房屋抵押贷款持怀疑态度的人，要想最终获利，"甚至不必等到房价下跌，只要房屋价格不再出现过去那种空前的涨幅，就会有非常多的美国人房贷违约"。

那么，究竟是什么原因引起金融危机？首先，我想再次强调，这场危机无关"金融"。如果有谁真的能预测这场金融危机，他必须先能预测到贝尔斯登或其他金融机构的破产，还能够预测到政府会对贝尔斯登或类似金融机构进行救助，然后还要预测到救助对市场将会造成的代价，还有金融机构崩溃将会引起的恐慌。雷曼兄弟破产引发市场震荡，是市场对它被允许破产感到惊讶。投资者无法判断事态进展时才会恐慌。投资者欠缺对小布什政府金融政策的了解，才引发了金融危机。

接下来，预测者还必须预料到未来的几个月，小布什政府不但救助案上反反复复，并且禁止卖空，让情况进一步恶化。然后再预测到这种拙劣的干预对全球经济造成的影响，你还要了解监管将成为政府的第一要务，进一步破坏市场。

最后预测者还必须知道，各国政府还会尽一切可能阻挠市场修正，市场修正本可以使全球经济迅速复苏。既然没有人能预测到政府的各种错误，也就没人能说自己预测到了金融危机。

据说经济学家鲁里埃尔·鲁比尼因为预知这场金融惨剧而声名大噪，但是他并没有预测到错误的政府干预会拖垮市场。他只是正确描绘出房地产市场健康与最终危机之间的关联。鲁比尼的问题是他弄反了亚当·斯密和约翰·斯图尔特·穆勒的理论。根据他的说法，房地产市场最终出现修正和崩溃，本身就会造成金融体系和经济体的崩溃。

但这不是事实。21 世纪初的经济问题是资金短缺，当房地产市场因小布什政府的弱势美元政策，使富有生命力的企业得不到资金投入，这是全球性的问题。因为美元贬值，通常会带动全球货币贬值。

鲁比尼预测，房地产市场将受重挫，然而如果他真的掌握情况，就应该明白，这样的修正将十分有利于经济——前提是对房地产行业风险暴露最高的企业和金融机构获准破产。鲁比尼没有提出这条建议，他建议出台经济刺激计划，规模是奥巴马和国会强加给经济体的 3 倍。甚至说美国银行应该国有化。鲁比尼因为提倡政府干预的这项提议而被誉为末日先知。如果我们在危机爆发之初听从他的意见，情况会更加糟糕。

也许某个地方曾经有人预测过，政府的错误将使健康的修正转变成大灾难。但我没有看到任何相关证据。请深信，如果有人自信地称自己预知到了金融危机，那他一定是在说谎。

或许引发危机的常常是政府干预，2008 年的经济危机就是一个典型。约翰·斯图尔特·穆勒曾经描写处于危难之境的国家，他以乐观的态度观察到：

> 灾难后迅速修复的可能性，主要取决于这个国家人口
> 是否大量减少。如果它的实际人口此时未被削减，也未发

生饥荒；假如人们还拥有先前掌握的知识和技能，土地上未被破坏以及大半建筑未遭到破坏，那么这个国家就几乎拥有达到此前生产能力所必需的一切必需因素。

对于任何社会的复兴来说，施加干预的政府都是唯一的阻碍，这就是全球经济在 2008 年的所有政府干预中举步维艰的原因。如果没有政府的税收、监管、贸易和货币阻碍，如果政府没有利用这些因素阻碍人类的生产积极性，那么，我们所面对的唯一限制，就只剩下人类的想象力了。事实上，当谈到经济增长缓慢时，政府本身就是危机。想要确保经济的繁荣，我们需要改变的不是商业，而是政府机构。

# 第23章

## "无为的"政治家在天堂
## 应该有他的位置

我告诉你治愈疾病的方法。这个世界的主要病源是医生自身的病：他们强迫治疗，自欺欺人地相信自己能治好疾病。什么都不做并不容易。如今这个社会正在告诉每个人，身体本就有瑕疵，会自我毁灭。

——胖子《上帝之家》

如果你看见前方有 10 个麻烦，你可以确信，其中 9 个还没走到你面前就会掉进水沟里。

——卡尔文·柯立芝

从 1920 年到 1921 年，美国经济经历了严重的衰退，甚至比 1929 年至 1930 年的那次大萧条更残酷。历史没有过多研究 1920—1921 年的经济衰退，理由是它持续的时间非常短暂。

那次经济衰退如此短暂的原因是联邦政府置身事外。好的医生通常会让病人的身体自行痊愈，而聪明的政治家也会让经济自己恢复正常。今天，人们通常认为，在经济困难时期，政府必须加大支出。但在1920—1921年，联邦政府却大幅削减支出。虽然政府在1920年支出了64亿美元的巨额资本，但到1923年，政府对经济的负担已降至33亿美元以下。这是教科书式的增长经济学。政府没有资源，因此在经济疲软时期，必须减少消费，为私营部门腾出宝贵的资本。

现在的传统观点是在经济困难时期应该让货币贬值。本杰明·安德森在其重要著作《经济学与公共福利》中指出：20世纪20年代初，在艰难的经济时代，"金本位是不可动摇的"。由于投资者在承诺投入资金时，购买的是未来的美元收入流，所以在经济衰退期间让美元贬值，会把投资者吓跑，而此时却是市场最需要他们的时候。

衰退是解决经济问题的良方。衰退清除了最初让它陷入困境的不良业务、不良投资和劳动力错配的问题。当1920年至1921年的经济衰退来临时，明智的政府退居幕后，除了略微降低税率和削减开支外，什么也没做。失业率从1921年的11.2%下降到1923年的1.7%，然后，繁荣的20世纪20年代开始腾飞。

1929年和1930年，美国经济再次下滑。赫伯特·胡佛和富兰克林·D.罗斯福总统渴望保护美国人免受近期经济衰退的痛苦，因此决定进行干预。他们的干预给了我们长达16年的经济大萧条。那场灾难不是资本主义的产物，而是脱离资本主义的结果。事实上，胡佛和罗斯福在税收、贸易、监管和货币四个领域都犯了错误，违反了经济增长的原则。

首先，他们告诉企业家和投资者——经济复苏中最关键的人——政府将没收你的大多数收益，因此没有必要冒险。胡佛将最高所得税税率从25%上调至62%，然后罗斯福将税率一直提高到83%。

经济持续大萧条的始作俑者是罗斯福计划，其中最具灾难性的是1936年实施的未分配利润税，该税对企业留存的利润征收高达74%的税，无论是将利润用于工厂扩建、新产品研究还是留作备用资金。你会记得亨利·福特，他于1903年成立了福特汽车公司，通过不断的利润再投资不断扩大再生产。如果当时政府实施了未分配利润税，他投入事业的利润将被没收。也许就没有后来大规模生产的T型车，美国的汽车工业也可能截然不同。

胡佛和罗斯福还增加了政府支出，这又是另一种形式的税收。信贷和资本如果留在私人部门，就可以为它们增长提供资金支持，但政府却以税收的形式吞没了这些信用与资本。胡佛任期内，联邦政府支出翻了一番，到了罗斯福总统任期内，政府支出更是有增无减。1934年，美国经济达到了70亿美元的预算赤字。

其次，这两位总统都采取了扼杀就业机会的监管政策。胡佛要求企业不要降低工资，尽管市场信号告诉他们这样做。如果沃尔玛在销售电视方面举步维艰，它需要降低价格来吸引买家。但胡佛将劳动力价格维持在人为的高水平，因此企业无法增加工人。

最后，罗斯福政府又通过了《公平劳动标准法案》。该法案引入最低工资标准和每周最长工作时间，并保证加班工资，强制规定了原本应该由市场决定的劳动力成本。结果因为劳动力成本过高，企业无法负担，最后害得劳动者失业。罗斯福的各种就业计划对个人就业造成了更大的伤害，在这些计划下，联邦政府人为地向那些低经济价值的工作支付高工资。政府向个人支付的每一美元都是额外成本，超过了企业为招收工人所必须支付的薪资。由于政府迫使工资高于市场所能承受的水平，致使整个 20 世纪 30 年代的失业率都非常高。

胡佛签署了《斯穆特—霍利关税法》，提高进口税，并引发其他国家提高对美国的出口税。摩根大通的总裁托马斯·W. 拉蒙特回忆道："我差点跪下来恳求胡佛，让他否决这项愚蠢的法案。"通用汽车欧洲业务的负责人格雷姆·霍华德向华盛顿发送了一封电报称，警告《斯穆特—霍利关税法》将导致"有史以来最严重的萧条"。关税缩小了美国最好公司的海外市场，同时补贴了美国最弱的生产商。虽然自由贸易允许人们利用其比较优势，但贸易关税却鼓励相反的情况。

罗斯福开始让美元贬值。他就职时，1 美元可以兑换 1/20 盎司黄金，但是很快就使美元贬值到 1/35 盎司黄金。当投资者向企业投入资金时，希望得到的是未来的美元收入流，这样一来，等于宣告它们那些创造就业机会的投资回报将是贬值的美元。

将萧条时代的经济政策与今天的经济政策进行比较是有指导意义的。两者有着惊人的相似之处。自 2008 年金融危机造成的恐慌以来，我们的经济陷入低迷，这完全是政府干预的结果，而不是资本主义本身所致。小布什和奥巴马重演了胡佛和罗斯福的愚蠢行为。

2008 年 9 月 25 日，小布什告诉全国民众：

我深信企业自由，因此我本能地反对政府干预，我认为，应该允许那些做出错误决策的公司倒闭。正常情况下，我会遵循这个策略。但现在情况不同，市场运行不正常。人们普遍丧失了信心，美国金融体系的主要部门面临倒闭的风险。

这有点奇怪。市场和经济一样，都不是一个有生命的、会呼吸的有机体。市场只是那些对几乎所有东西的价格都有不同看法的人。因此，不能说市场运作正常或不正常，它们只是履行职责而已。市场是不断变化的信息来源。

2008年，构成市场的个人得出结论，住房消费过度。市场反映出了金融机构在房地产市场的投资风险过多，以及购买住房的个人消费者出现了违约。市场正在纠正那些对经济有害的投资，而这本身就是政府错误的结果。小布什声称"运转不正常"的市场实际上是在纠正布什的错误。

小布什总统、美联储主席伯南克、财政部部长保尔森和国会主导了政府干预，阻碍了市场的自我修正。他们的做法最终酿成了一场危机。

在实施破坏性的干预计划之前，布什本应该明智地参考一下20世纪社会批评家艾伯特·杰伊·诺克的观点，他警告说："任何违反自然法则的行为，任何破坏事物自然秩序的行为，必定有其不良后果，而逃避后果就会带来更严重的后果。"小布什篡改市场自然秩序的短期后果是一场金融危机，这场危机是一种政治阶级的产物。长期的后果是经济复苏无力。

奥巴马并没有从小布什的错误中吸取教训，他刚上台就显露出了自己对经济的误读，其错误程度与小布什相当。在他的第一次国情咨文中，他说："我可以向各位保证，不作为的代价将会大得多，因为它可能导致经济下行数月或数年，甚至可能是 10 年。这对我们的赤字更糟，对生意更糟，对你们或者下一代更糟。我不会让这种情况发生。"

奥巴马同其他傲慢的政客们没有什么不同，他继续干预一个本应被允许自我纠正的经济。尽管奥巴马在 2010 年签署了延长 2003 年小布什减税政策的协议，但他又通过了一项令人窒息的 7870 亿美元联邦支出法案，这是对一个试图从错误中恢复过来的国家的经济遏制。

在 2012 年年底，奥巴马终于开始了增税政策，加大了对工作和投资的惩罚。奥巴马在能源、金融和医疗保健行业引入了恐怖的监管制度。他的《平价医疗法案》要求拥有 50 名或以上员工的企业提供昂贵医疗保险计划。该计划与保险并没有关系，但它大幅提高了企业雇用工人的成本。

然后是美元问题。当小布什上任时，1 美元可以买到 1/266 盎司黄金。到他离任时，1 美元已经缩水到 1/880 盎司黄金。在奥巴马的主政时期，美元继续跌至 1/1900 盎司黄金的历史低点。这些都是在向投资者传达着无畏的投资将遭受美元贬值侵蚀的信息。

在过去 13 年的大部分时间里，美国经济一直疲软，这种疲软反映在股票指数上，这些指数基本上保持在 2000 年美元走强时的水平。经济疲软的根源显而易见：工作税和投资税上涨，政府支出税创下新纪录，监管失控，贸易受阻，美元自由贬值。

所有这些后果都是本·伯南克所赐，这位仁慈的前美联储主席将信贷短期利率几乎降至零，这是央行行长最不应该做的事。利率和其他任何商品一样，是一种价格，在自由市场中，利率只是市场满足储蓄者和借款人需求的方式。但如果市长比尔·德·白思豪（Bill de Blasio）将租金限制在每月100美元，曼哈顿的公寓将变得稀缺，同样，因为伯南克告诉储蓄者，他们的储蓄不会得到任何回报。所以除了最大的政府和企业外，其他企业的信用贷款将变得极为稀缺。

伯南克推行的购买美国国债和抵押贷款债券的"量化宽松"政策，只是支撑了政府消费，推迟了必要的住房修正。如果美联储购买美国国债和抵押贷款能够孵化出未来的谷歌和苹果，那生活岂不是很简单吗？回到现实世界，培育未来公司的方法是正确把握四个基本要素，减少美联储干预行为。

但伯南克所犯的最严重的错误，是他认为干预经济可以减轻衰退的痛苦或避免另一场衰退。他忽视了衰退对经济复苏的必要性。通过阻止经济的自然发展，伯南克阻止了一场强劲的经济反弹。那些更懂经济的人称伯南克为大萧条的主要学者，但他在美联储所采取的每一次措施，都透露了这位经济学家从那场灾难中吸取的都是错误的教训。

在大萧条期间，诺克写下了他的观察："通常来说，目前的生产瘫痪完全是由于联邦政府的干预，以及对未来进一步干预的不确定性。"这一诊断适用于20世纪30年代的美国经济，对于2008年以来的美国经济也一样适用，因此我们可以对美国的经济前景感到乐观。

美国人还没有耗尽创新意识、职业道德或创业精神。我们的问题是政府，它不断违反我在本书中探讨的四个基本经济要素。经济陷入困境的原因显而易见，这就是为什么人们应该对未来感到兴奋的原因。

这样看来，美国偶尔会有一代人对他们的投票漫不经心。在20世纪30年代，我们违背了经济增长的基本原则，直到"二战"后，自由贸易和稳健的货币的盛行，使我们重新打下了这些经济成长的基础。20世纪70年代，经济遭受了税收和货币错误的困扰。但尼克松、福特和卡特总统任期内的经济痛苦唤醒了选民，他们转而支持罗纳德·里根，后来又支持延续里根经济政策的比尔·克林顿。

20年的繁荣让美国人沾沾自喜。结果选出布什总统和奥巴马总统，他们的政策严重挫伤了经济。幸运的是美国人又醒了过来。他们越来越怀疑政府，这种不满很可能会影响2016年总统选举的结果。

在那个时刻来临之前，我们有乐观的理由。2014年2月，脸书以190亿美元收购了一家拥有55名员工的WhatsApp公司。不管收购结果如何，它都提醒着人们，在一个相互关联的全球经济中，美国人创造财富的能力日益增强。购买WhatsApp着眼于创造的未来财富，届时回看今天的市场，就会显得微不足道。WhatsApp是美国人没有忘记如何创新的标志。

奥巴马和布什在总统任期内对自由运动做出贡献。2014年美国人对政府的怀疑程度远高于2000年。这将导致2016年选举出一位干预力度小得多的总统，之后将迎来经济繁荣时期。我们不知道的是当下一次经济繁荣发生，美国人是否会再次忘记经济增长的原因。

我希望美国人不会忘记，所以尝试让经济增长的基本要素变得容易理解。今天，我们的经济状况不佳，是因为政府变得太过庞大，干预性太强。但经济学很容易，我们身边处处都是经济学的课题。一旦我们的公民迫使政治阶层正确掌握四大经济要素，很快人们就会明白，经济增长其实很简单。

版权登记号：01-2022-5371

**图书在版编目（ＣＩＰ）数据**

财富、价值与选择：美国大众经济学 /（美）约翰·塔
姆尼著；潘舫译 . -- 北京：现代出版社，2023.7
ISBN 978-7-5143-9938-7

Ⅰ.①财… Ⅱ.①约…②潘… Ⅲ.①经济 – 研究 –
美国 Ⅳ.① F171.2

中国版本图书馆 CIP 数据核字 (2022) 第 169557 号

Copyright © 2015 by John Tamny

Published by arrangement with Regnery Publishing.

简体中文版权通过凯琳国际文化版权代理引进

**财富、价值与选择：美国大众经济学**

著　　者：〔美〕约翰·塔姆尼
译　　者：潘　舫
责任编辑：王传丽　王　羽
装帧设计：Yuutarou
出版发行：现代出版社
通信地址：北京市安定门外安华里 504 号
邮政编码：100011
电　　话：010-64267325　64245264（传真）
网　　址：www.1980xd.com
印　　刷：北京飞帆印刷有限公司
开　　本：880mm×1230mm　1/32
字　　数：158 千字
印　　张：7
版　　次：2023 年 8 月第 1 版　　印　　次：2023 年 8 月第 1 次印刷
书　　号：ISBN 978-7-5143-9938-7
定　　价：52.00 元